GUADAGNARE CON IL TRADING ONLINE!

TRADING FINANZIARIO + TRADING SPORTIVO

All'interno Del Libro Trovi DUE Manoscritti :

1) COME GUADAGNARE NEL FOREX TRADING
2) VINCERE ALLE SCOMMESSE

Autori : Re Totti Cosentino – Roberto Bardolla

COME GUADAGNARE NEL FOREX TRADING

1° LIBRO

Esistono 2 Software Automatici In Grado Di Farti Fare Soldi Nel Mercato Valutario. Sei Interessato a Conoscerli ? Scoprili In Questo Libro !

Autori : Re Totti Cosentino – Roberto Bardolla.

Sommario

Introduzione

Complimenti per esserti interessato a questo libro ! Siamo veramente orgogliosi di offrirti tutte le informazioni riguardo ai **2 Software Automatici** per guadagnare nel **Forex Trading**.

Questo trattato risulta idoneo per chi vuole conoscere gli stessi programmi con i quali facciamo soldi ogni giorno. Se sei un principiante o se non hai mai avuto esperienza nel settore finanziario, hai finalmente trovato il libro che fa per te ! All'interno di esso, trovi tutto quello che ti occorre per avviare un business profittevole nel mercato valutario.

Abbiamo scelto di fornirti informazioni essenziali e facili da comprendere. Questo ti aiuterà per assimilare solo le nozioni importanti, quelle di cui hai veramente bisogno. Il reale valore della presente guida non deriva dalla quantità delle pagine scritte ma dalla loro qualità e dal livello delle informazioni trasmesse.

Tutti i nostri sforzi si sono concentrati nell'effettuare numerosi test e prove sul campo (proprio per evitarti il "lavoro sporco"). A tutto "il da farsi" abbiamo già pensato noi...

Il Trading Forex è il mercato più grande del mondo nella compra-vendita di valute internazionali. Ogni giorno si stima che vengano scambiati più di: **7 Trilioni Di Dollari (Oltre 7.000 Miliardi Di USD)** ed il trend continua a crescere.

Oltre ad essere molto liquido, il Forex risulta un mercato difficilmente manipolabile. Basti considerare che: le più grandi operazioni finanziarie (effettuate in modo congiunto dalle banche centrali) non hanno mai smosso oltre i **100 Miliardi Di Dollari** in una singola giornata. Anche mettendosi tutte d'accordo, non potrebbero mai influire sul mercato per più di 24 ore e senza riuscire ad andare oltre **l'1,42 %** dell'intero capitale movimentato quotidianamente.

Altri tipi di mercato invece (come quello azionario o dei giochi a scommessa) sono facilmente manipolabili in quanto: sussistono diverse circostanze per le quali si possono verificare rialzi o ribassi delle quote o dei prezzi a seguito di scelte terze.

Qual è la soluzione ottimale dunque ? Ovviamente operare nel Forex Trading !

Se hai sempre voluto realizzare una vera e propria rendita economica, ti diamo una bella notizia : oggi anche tu puoi generare profitti automatici mettendo in pratica le nostre semplici istruzioni !

Ti basta seguire i facili passi descritti ed iniziare ad incassare i tuoi introiti. Vuoi sapere come ?

In oltre 15 anni abbiamo accumulato una notevole conoscenza e competenza in tale ambito e sappiamo perfettamente ciò di cui stiamo parlando. Siamo disposti a rivelarti le nostre scoperte a patto che tu segua alla lettera le indicazioni riportate. Preparati : le informazioni che trovi all'interno di questo Libro VALGONO ORO !

Grazie a noi, numerosi lettori hanno già cambiato il loro tenore di vita e molti utenti stanno iniziando a ricevere le loro prime entrate automatiche. Vuoi essere anche tu tra coloro che vivono di rendita ? Ottimo ! Siamo qui per svelarti come guadagnare nel Forex Trading (senza che tu debba studiare per anni o affidarti alla fortuna).

QUESTA OPERA TI E' UTILE SE :

- Se sei un principiante nel Forex Trading e non hai mai avuto esperienza in questo settore.

- Se hai già compiuto i tuoi primi passi nel mondo finanziario ma non ti senti ancora sicuro di partire.

- Se hai già provato ad investire in autonomia ma per un motivo o per un altro non hai ancora ottenuto i risultati desiderati.

- Se vuoi conoscere i 2 migliori Software Automatici per guadagnare veramente senza che tu debba diventare un trader esperto.

- Se vuoi fare profitti ogni giorno, senza dover mai più lavorare.

- Se vuoi dare una svolta alla tua vita grazie alle rendite generate.

Mindset Vincente

Una caratteristica ricorrente di tutte le persone di successo è il fattore Mindset. Se vuoi ottenere risultati eccellenti e garantirti un futuro prospero devi prima riprogrammare la tua mente al successo.

Qualsiasi strategia o metodo per fare soldi può risultare inefficace se pensi di non potercela fare o ancora peggio se credi di non meritare soldi e prosperità economica.

Tuttavia rilassati, con questo tipo di business devi semplicemente avere pazienza nell'ottenere le rendite automatiche. Come modello di attività rimane alquanto passivo.

Il mindset vincente è l'aspetto più importante da trattare, ancor prima di avviare un business di qualsiasi tipo. Se lavori online, ovviamente, hai più possibilità di realizzarti ma la sostanza non cambia. Devi prima sentirti bene con te stesso ed alzare i tuoi standard. Non puoi pensare di staccarti dalla massa se credi ancora che bastino solo 3.000 Euro al Mese per vivere bene. Quella non è vita. Quella è sopravvivenza !

Un top imprenditore o un investitore di successo non lavora per un misero e banale stipendio. Esso s'impegna per guadagnare 3.000 Euro al giorno ! (Che è ben diverso...)

La verità è che grazie ad Internet si possono realizzare cifre da capogiro. La gente comune non concepisce e non comprenderà mai la potenzialità della rete. Il nostro consiglio è quello di spegnere la TV, di non guardare più i reality show, le oscenità che mandano in onda (compreso i telegiornali) e iniziare a frequentare solo gente positiva, ottimista e vincente.

Abbandona tutta la gente tossica, coloro che ti affondano, che ti demotivano... le persone comuni si lamentano di continuo e pensano che "la fuori" vada tutto male. La realtà, è che va male per loro, non per gli altri...

Se vivi in un ambiente depotenziante, liberatene al più presto. Se esci con amici di questo tipo (perdenti, pessimisti, negativi e rancorosi) salutali cordialmente ed inizia a frequentare gruppi di leader, di top imprenditori e di investitori di successo.

Tutti noi siamo la media delle 5 persone che frequentiamo maggiormente, quindi ti conviene agire subito. Se per il momento non ti è possibile uscire con persone di successo, isolati e ripristina i modelli di pensiero che ti fanno svoltare nella vita.

Questo è quanto, poi sei libero di perseverare con le solite conoscenze e le vecchie abitudini ma sappi che : continuando a fare le stesse cose, a pensare alla stessa maniera e buttare tempo con i soliti noti otterrai inevitabilmente gli stessi risultati.

Vogliamo pensare che tu faccia parte della cerchia vincente, ovvero : di coloro che vogliono ottenere di più e che non si accontentano. Se questo è il tuo caso, benvenuto! Ti trovi nel posto giusto. I nostri lettori sono estremamente affamati di successo ed estremamente ambiziosi. Tutti loro hanno un forte stimolo a vivere la propria vita, senza compromessi.

Qualora avessi bisogno di resettare la tua mente stai tranquillo. I primi risultati ti aiuteranno in modo forte a cambiare il livello di mindeset.

Quando inizierai a ricevere gli stessi soldi ogni giorno di quanto ottiene un dipendente ogni mese capirai di essere sulla buona strada e la tua mentalità cambierà radicalmente.

Questo percorso è stato effettuato da chiunque si sia imbattuto in un business online. Presto toccherà anche a te, fidati... Ne rimarrai completamente affascinato ed una volta arrivato alla vetta, siamo certi che non vorrai più tornare indietro :-)

Scelta Del Broker

Scegliere un corretto Broker è il primo passo per il raggiungimento dell'obiettivo. Il Broker rappresenta l'intermediario finanziario grazie al quale hai accesso al mercato.

Un tempo, tale opportunità veniva offerta solo dalle banche. Anche oggi tuttavia, erogano ancora tale servizio.

Qualsiasi istituto bancario può cambiarti un certo quantitativo di denaro in valuta estera e dopo un certo periodo di tempo rieffettuarti il cambio di valuta, facendoti rientrare del tuo capitale di partenza.

Questa operazione (effettuata per mezzo di una banca fisica) è altamente macchinosa e dispendiosa in termini di tempo. Costa anche parecchi soldi, le commissioni infatti superano spesso gli introiti generati.

Per fortuna oggi, esiste Internet e grazie ad esso possiamo effettuare operazioni istantanee dalla comodità di casa propria. Per fare ciò utilizziamo particolari aziende intermediarie (Broker) che acquistano liquidità presso le banche ed immettono gli ordini sul mercato per conto nostro. In questo modo si abbattono anche gli onerosi costi di trading in quanto, i Broker applicano bassissime commissioni.

Immagina la rivoluzione ! Tu, dal tuo PC (o via Tablet-Smartphone) hai l'opportunità di effettuare diverse operazioni online, con 1 solo click, ad un prezzo ridicolo, dalla comodità di casa, senza sprecare tempo e senza svolgere file interminabili verso il cassiere. Ovviamente, come sai: le operazioni vengono svolte dai Software Automatici (tu non devi pensare a niente...)

Ma torniamo a noi... quale Broker è opportuno scegliere ? Noi consigliamo di optare per un intermediario che abbia le licenze legali per operare in Europa. Sono i così detti "Broker No Esma" (in grado di operare appunto nel territorio Europeo).

Non ti consigliamo i "Broker Esma", in quanto : quest'ultimi limitano fortemente i loro clienti, ostacolandoli con vincoli molto stretti.

I "Broker Esma" ad esempio, richiedono sul conto dei loro clienti un margine elevato per poter operare anche con operazioni di piccola entità ed offrono una leva finanziaria troppo bassa.

Noi utilizziamo : "THINK MARKETS" (il miglior "Broker No Esma" Europeo) !

Se vuoi, puoi optare anche tu per: **www.ThinkMarkets.com/it** (uno dei migliori intermediari online presenti oggi sul mercato).

Questo broker possiede tutte le autorizzazioni e licenze essenziali per operare in diversi paesi del mondo. E' straordinario sotto tutti i punti di vista ed anche se non guadagniamo niente a consigliarlo, possiamo solo che parlarne bene.

Esso assicura un'ottima stabilità di trading ed un'eccellente velocità di esecuzione. Anche le commissioni (chiamate spread) risultano più basse rispetto alla concorrenza.

Apertura Account

Come anticipato in precedenza, puoi optare per qualsiasi Broker di tua fiducia ma se vuoi fare come noi ed aprire un account presso ThinkMarkets sappi che: è più facile di quanto creda. Basta recarsi nella loro home page e cliccare sulla scritta : "Apri Conto".

Prima di operare in modalità Live, ti consigliamo di fare pratica con un conto Demo. La procedura d'iscrizione dura pochi instanti ed hai subito accesso ad un'area personale. All'interno di essa puoi creare diversi conti, configurare i tuoi sistemi di deposito, stabilire i tuoi metodi di prelievo, scaricare la piattaforma Metatrader 4, ecc...

Metatrader 4

La Metatrader 4 (denominata anche MT4) è la piattaforma con la quale è possibile inserire ordini di mercato e può essere installata sia sul Notebook / PC, sia sul Tablet e/o Smartphone. Per ogni device sussiste la versione apposita da installare.

La MT4 va selezionata anche in base al proprio sistema operativo. In questo caso puoi scegliere quella compatibile con Microsoft Windows, Apple iOS o Google Android.

Al termine dell'installazione, occorre effettuare click sull'icona appena creatasi.

Ti facciamo presente che: per installare i Software Automatici hai bisogno di un PC Fisso o di un Notebook (con Microsoft Windows). Per monitorare l'operatività dei Software Automatici, puoi utilizzare anche un Tablet o uno Smartphone.

Al termine dell'installazione della MT4, occorre inserire i dati per accedere all'interno di quest'ultima. Tali dati, sono stati generati nel momento in cui hai creato il tuo conto demo o live. In genere, i dati necessari per accedere sono questi :

- Login : Numero di conto (demo o live).
- Password fornita dal broker.
- Server di collegamento.

Ti basta quindi digitare tali parametri nella finestra di controllo, che si apre al momento dell'avvio della MT4 :

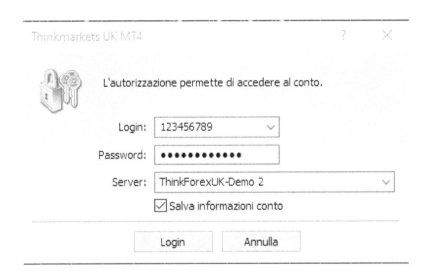

Per avere un'infarinatura generale di come si opera nel Trading Forex, ti indichiamo i passi da effettuare nel caso deicidi di operare in modo manuale.

Sappi però, che tale operatività non è prevista per te. Infatti, grazie all'utilizzo dei Software Automatici non hai bisogno né di aprire operazioni, né di chiuderle, né di rimanere davanti al monitor, né di intervenire sul mercato.

I Software Automatici (denominati Expert Advisor) svolgono tutto il lavoro al posto tuo. Puoi dunque monitorare l'attività effettuata da quest'ultimi o semplicemente non preoccupartene affatto. E' una tua libera scelta.

Con tali programmi quindi, puoi guadagnare nel Forex Trading senza la necessità di aprire mai la Metatrader 4. Immagina dunque di ricevere profitti mentre sei in vacanza, mentre ti trovi in viaggio, mentre ti stai divertendo, mentre stai mangiando, mentre stai facendo sport, mentre stai dormendo, mentre stai dedicandoti ad altro !

No... Non è fantascienza. E' semplicemente la realtà e a breve puoi rendertene conto.

Di seguito ti mostriamo come si svolge l'attività manuale (sempre che tu la voglia fare)

Iniziamo...

Dopo esserti loggato nella MT4, puoi accedere sui grafici e iniziare subito ad operare nel mercato valutario. Hai a disposizione diversi assets, tra i quali: valute, criptovalute, commodities, indici, ecc...

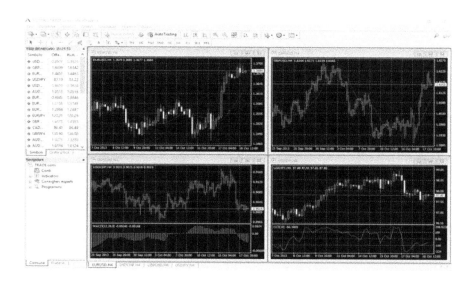

Cliccando 2 volte sugli assets a sinistra, si aprirà una finestra con la possibilità di effettuare un ordine. Se operi manualmente, puoi scegliere di aprire posizioni in "buy" (acquisto) o in "Sell" (vendita) e selezionare il valore del contratto (in lotti).

Di solito, con i conti piccoli (sotto i 1.000 Euro di capitale) si aprono 0.01 lotti a singolo trade.

Se il tuo deposito iniziale è pari o superiore a 2.000 Euro puoi aprire 0.02 lotti a singolo trade.

Se all'interno del tuo conto possiedi almeno 3.000 Euro puoi aprire 0.03 lotti a singolo trade.

Naturalmente puoi decidere di aprire più frazioni di lotto per singolo trade (a tua discrezione). Ad esempio, ci sono persone che aprono anche 0.1 Lotti per singolo trade su un capitale di 1.000 Euro. Tuttavia, maggiore è il quantitativo di lotti (o frazioni) che apri e più grande è il profitto o la perdita generata.

La regola basilare consiste nel non rischiare oltre il 2% di capitale per singolo trade.

Oltre ai fondi presenti sul conto, bisogna tenere d'occhio anche la quantità di operazioni aperte contemporaneamente e seguire una corretta strategia di money management.

Un aspetto importante di ThinkMarkets è dato dalla possibilità di effettuare un numero considerevole di operazioni simultanee. Quindi, secondo la strategia adottata è possibile aprire molti trade in contemporanea. Non è un dettaglio da poco, in quanto : parecchi Broker non offrono tale possibilità.

L'aspetto del "**Margine**" invece, è molto rilevante. Devi sapere che, ogni intermediario finanziario richiede un minimo di capitale disponibile (che oscilla durante la fase di tranding) necessario per garantire eventuali utilizzi di denaro sul proprio deposito. Durante uno o più trade aperti, puoi visionare (in tempo reale) il margine utilizzato (nella valuta corrispondente) e la percentuale di margine ancora disponibile. Tale valore, diminuisce in base al quantitativo di lotti in totale che in quel momento stai tradando sul mercato.

La voce del "**Bilancio**" (o **Saldo**) rappresenta il quantitativo di denaro presente sul tuo conto (determinato dalle sole operazioni chiuse, senza considerare quelle attualmente aperte).

La voce dell' "**Equity**" (o **Controvalore**) rappresenta il quantitativo di denaro presente sul tuo conto (determinato dal bilancio +/- le operazioni ancora aperte). Tale importo è la cifra esatta che ti ritroveresti sul tuo bilancio nel caso in cui chiudessi tutte le operazioni attualmente aperte. Si tratta del parametro più importante da tenere d'occhio nella Metatrader 4.

Adesso parliamo della "**Leva Finanziaria**" : essa ti permette di inserire a mercato un certo quantitativo di denaro, nonostante che esso non sia presente sul tuo conto.

Ovviamente non si tratta di denaro prelevabile ma di soldi che il Broker ti mette a disposizione per farti operare come un trader facoltoso (dalle grandi disponibilità economiche).

La leva finanziaria, se utilizzata in modo intelligente aumenta drasticamente la tua capacità di entrare pesantemente sul mercato. Utilizzandola correttamente fornisce anche un grande aiuto per tenere basso il livello di "**Margine**". Quindi risulta utilissima pure per questo aspetto.

La leva finanziaria offerta da ThinkMarkets arriva fino a **500:1** ! Ciò significa che : a fronte di un deposito di 1.000 Euro presente sul tuo conto puoi entrare sul mercato con ben : 500.000 Euro !

Questo è il motivo per cui tutti i trader prediligono i "Broker No Esma". I "Broker Esma" invece, ti offrono leve irrisorie, spesso non superiori al **30:1**.

Se non intendi usufruire di tutti i vantaggi offerti dai "Broker No Esma" (come ThinkMarkets), puoi optare per quelli Esma (operanti in Italia).

Ecco Una Lista Di Broker Esma (Autorizzati Consob)

Broker	Caratteristiche
eToro	✓ Social Trading ✓ Copia i Migliori Traders con un clic ✓ Autorizzato da Consob
Plus500 Your capital is at risk	✓ Conto Demo Gratuito ✓ 100 € Deposito minimo ✓ Licenza CySec
TRADE.com Anyone Anytime Anywhere	✓ Conto Demo Gratuito ✓ Forex CFD / Criptovalute ✓ Licenza CySec
iq option	✓ Conto Demo Gratuito ✓ Trading da 10 €! ✓ Licenza CySec
AVATRADE TRADE WITH CONFIDENCE	✓ Conto Demo Gratuito ✓ Forex CFD / Criptovalute ✓ Licenza CySec

A parte questi, esistono altri broker molto validi come abbiamo detto fuori dall'area Esma, tipo quelli autorizzati "**FSA**" / "**Financial Conduct Act**" (ente di diritto Inglese), "**CySEC**" (ente regolatore di Cipro e riconosciuto pienamente dalla Mifid), "**ASIC**", ente di controllo finanziario Australiano, ecc... Anch'essi sono legittimi al 100%, pienamente regolari e con tutte le autorizzazioni e licenze necessarie per operare legalmente.

Strategie Operative

La differenza di un metodo vincente rispetto ad un metodo non vincente è data dalla strategia operativa scelta.

Se ti occupi di trading, saprai quanto sia importante seguire alla lettera un metodo già testato e funzionante. Se al contrario, ti trovi a dover effettuare un back-test ti consigliamo di prenderti tutto il tempo necessario a finché tu possa definire le giuste azioni da intraprendere durante ogni possibile fase di mercato.

Ovviamente esistono numerose strategie da poter applicare nel mondo del Forex.

Alcune di esse si basano sui "**Trend**" (riguardo alla tendenza di mercato per quanto riguarda una specifica coppia di valute).

Altre strategie si basano sui "**Momentum**" (riguardo alle oscillazioni sul prezzo).

Esistono poi le strategie basate sui "**Volumi**" (riguardo al quantitativo scambiato in un arco temporale).

Poi abbiamo le strategie basate sulla "**Volatilità**" (riguardo agli sbalzi improvvisi del prezzo).

Per finire esistono le strategie basate sui "**Supporti**" e sulle "**Resistenze**" (riguardo ai punti minimi e massimi dove il mercato ha rimbalzato di frequente in passato).

Normalmente, chi non possiede i Software Automatici è tenuto a monitorare il mercato tutto il giorno ed inserire operazioni in modo manuale.

In genere si attende una o più condizioni di questo tipo e si interviene tempestivamente secondo le regole basiche del trading.

Del tipo : se il prezzo di una valuta sta raggiungendo una resistenza importante (dove in passato ha rimbalzato più volte) è molto probabile che da lì a breve effettuerà la stessa traiettoria (scendendo dunque al ribasso).

Viceversa, potresti andare in "buy" nel caso in cui il prezzo si stesse dirigendo verso un supporto dove in passato si è rilevato forte. Cosi vale anche per le altre condizioni.

Fortunatamente, esistono degli ottimi strumenti semi-automatici (Indicatori) e fantastici Software Automatici (Expert Advisor) in grado di aiutarti con l'attività di Forex Trading.

Indicatori

Gli Indicatori sono strumenti digitali da inserire direttamente sui grafici e sono in grado di segnalare i momenti più opportuni per intervenire sul mercato.

Tali strumenti permettono di non dover rimanere ore ed ore con gli occhi puntati sullo schermo, in quanto : eseguiranno il lavoro di monitoraggio al posto tuo.

Con gli indicatori, dovrai solamente inserire gli ordini a mercato una volta che si evidenzieranno le condizioni ideali rilevate dagli stessi. Alcuni di essi godono pure di segnali sonori per farti intervenire tempestivamente sul mercato.

Di seguito ti elenchiamo alcuni Indicatori Utili che puoi usare con le tue strategie operative :

Average directional index (A.D.X.)
Trend

Commodity channel index (CCI)
Trend

Detrended price oscillator (DPO)
Trend

Know sure thing oscillator (KST)
Trend

Ichimoku Kink? Hy? Moving average convergence/divergence (MACD)
Trend

Mass index Moving average (MA)
Trend

Parabolic SAR
Trend

Smart money index (SMI)
Trend

Trend line Trix Vortex Indicator (VI)
Trend

Money flow index (MFI)
Momentum

Relative strength index (RSI)
Momentum

Stochastic oscillator
Momentum

True strength index (TSI)
Momentum

Ultimate oscillator Williams %R (%R)
Momentum

Accumulation/distribution line
Volume

Indicatore EMV
Volume

Force index (FI)
Volume

Negative volume index (NVI)
Volume

On balance volume (OBV)
Volume

Put/call ratio (PCR)
Volume

Volume–price trend (VPT)
Volume

Average true range (ATR)
Volatilità

Bollinger Bands (BB)
Volatilità

Donchian channel
Volatilità

Keltner channel
Volatilità

CBOE Market Volatility Index (VIX)
Volatilità

Minimo (Bottom)
Supporti / resistenze

Fibonacci retracement
Supporti / resistenze

Pivot point (PP)
Supporti / resistenze

Massimo (Top)
Supporti / resistenze

Tutti questi indicatori sono reperibili online, in maniera del tutto gratuita. Anche sulla MT4 trovi degli Indicatori Standard, già pre-installati.

La scelta con quali Indicatori operare rimane comunque dell'utente finale.

Se vuoi utilizzarli, apri la MT4 e clicca in alto a sinistra sul menu "FILE". Dopodiché clicca sulla voce "APRI SCHEDA DATA". Dopodiché apri con un doppio clic la cartellina "MQL4". Dopodiché apri con un doppio clic la cartellina "INDICATORS". All'interno di essa incolla il file dell'indicatore.

Se possiedi il file aperto (decompilato), tipo : nome-indicatore.mq4 puoi modificarne il codice. Tale file, dopo averlo copiato nella cartellina "INDICATORS" e dopo aver riavviato la MT4 si compilerà da solo assumendo l'estensione : nome-indicatore.ex4

Chiudere e riavviare la metatrader è obbligatorio. Per rilanciare la MT4 basta cliccare sull'icona apposita nel tuo Desktop.

A questo punto, ti basta aprire un grafico (ad esempio: "EUR/USD") e spostare con il mouse l'indicatore su di esso. Lo strumento si trova sulla voce "INDICATORI" (raggiungibile dalla voce "Navigatore") che trovi sulla sinistra della tua MT4 APERTA.

Se non sai dove reperire gli indicatori, puoi utilizzare questo sito a costo zero :

https://www.best-metatrader-indicators.com/category/mt4-indicators/

Se non ti dovessero bastare, puoi entrare a far parte della community ufficiale del sito:

https://www.mql4.com/

All'interno di tale community puoi confrontarti con altri traders di successo, fare domande, ottenere soluzioni, ricevere consigli, scaricare guide, trovare expert advisor, reperire indicatori, ecc...

Expert Advisor (EA)

A differenza degli "Indicatori" (con i quali puoi solo automatizzare il processo di monitoraggio), con i Software Automatici (denominati "Expert Advisor") puoi anche rendere automatica l'operatività !

Ciò significa che : con tali strumenti non devi preoccuparti né di monitorare il mercato, né di aprire e chiudere le operazioni. Tutto il lavoro viene effettuato in autonomia dagli Expert Advisor (EA).

La procedura per installare gli Expert Advisor è la medesima utilizzata per quella degli "Indicatori", con la differenza che : il file deve essere incollato nella cartellina "EXPERTS" (e non in "Indicators").

Se possiedi il file aperto (decompilato), tipo : nome-expert-advisor.mq4 puoi modificarne il codice. Tale file, dopo averlo copiato nella cartellina "EXPERTS" e dopo aver chiuso e riavviato la MT4 si compilerà da solo assumendo l'estensione: nome-expert-advisor.ex4

Attenzione: assieme al file ".mq4" o ".ex4" potresti ricevere anche uno o più file separati (quali indicatori, librerie e/o templates da abbinare all'Expert Advisor). In tal caso, copia e incolla tali file nelle cartelline apposite :

Adesso ti chiederai quale siano i migliori Expert Advisor presenti oggi sul mercato. Ebbene, ti diciamo subito che per quanto riguarda i Software Automatici sussiste un'ampia disponibilità di scelta ma sono veramente pochi quelli che riescono ad ottenere performance di rilievo e stabili nel tempo.

Le motivazioni per le quali la maggior parte degli EA fallisce riguardano la lunghezza temporale (quasi tutti non superano i 2 anni di vita su conto live). Altro aspetto fondamentale, riguarda lo statement pubblicato nella pagina di vendita. Spesso, il venditore pubblica i migliori risultati ottenuti dall'EA nel periodo da lui scelto. Ovviamente, le statistiche risulteranno tagliate sul periodo selezionato.

Per anni abbiamo effettuato prove sul campo e migliaia di test pratici, acquistando anche migliaia di Expert Advisor di vario tipo.

L'incredibile nostro bagaglio di conoscenza, ci ha insegnato a "prendere con le pinze" ogni Software Automatico che apparentemente può sembrare super redditizio.

Qualora tu volessi andare sul sicuro e scegliere di operare con Expert Advisor Validi e testati sul campo, te ne consigliamo un paio veramente grandiosi.

Oltre ad essere certificati con statement ufficiali (statistiche veritiere, verificate su MyFxBook.com) hanno dimostrato anche una certa stabilità nel corso del tempo.

Ovviamente, entrambi gli Expert Advisor sono utilizzati su conti live dagli stessi autori !

Noi stessi siamo loro clienti e ci stiamo trovando decisamente bene.

PS: Se non lo sapessi, MyFxBook.com è il sito ufficiale usato da milioni di traders per verificare le strategie dei vari operatori (anche di coloro che commercializzano gli EA !)

E' importante sapere che: le rendite generate non devono mai superare il 10% al mese, altrimenti significa che il trader (o l'EA) sta utilizzando un money management aggressivo. In tal caso, puoi anche diminuire i lotti scambiati per singolo trade, impostando un valore più basso rispetto a quello utilizzato di default dall'EA.

Quando vedi in commercio un Software Automatico con performance da capogiro (superiore al 10% al mese, significa che l'autore ha impostato volumi di scambio troppo alti). Ciò significa che: i conti dove esso lavora sono a rischio di perdita capitale.

1° SOFTWARE AUTOMATICO CONSIGLIATO : "GPS FOREX ROBOT"

Gps Forex Robot è un software automatico creato da "**Mark Larsen**", personaggio abbastanza noto nel mondo del Trading Online. Esso è diventato multimilionario tradando nel mercato finanziario.

Quello da lui creato è un programma professionale, in grado di generare alte rendite con un rischio rasente lo zero. Sul sito ufficiale è possibile verificare le performance dal Marzo 2012 fino ad oggi. La particolarità di questo Expert Advisor sta nel fatto che lavora durante la fase notturna (quando sussiste una bassa volatilità di mercato) e come un "segnale gps" va ad identificare le migliori opportunità in modalità strategica.

Nel momento in cui dovesse attivarsi lo stop loss (protezione contro le operazioni non profittevoli), l'EA entra a mercato con una posizione contraria recuperando velocemente l'operazione sbagliata. Si può notare come: in tutto il periodo di esecuzione l'EA abbia dovuto rimediare solo in 2 occasioni (veramente eccezionale !)

I profitti sono a dir poco straordinari ! L'autore possiede diversi Conti Live... Te ne mostriamo 3 ma puoi visionare gli altri in fondo alla sua pagina di MyFxBook.

[Conto Live 1 - Software Automatico " Gps Forex Robot "] :

Attualmente, come puoi vedere anche tu da questo screenshot, l'EA sta ottenendo l' **1,15 % Di Rendita Al Mese** in modo costante **(da Marzo 2012) !**

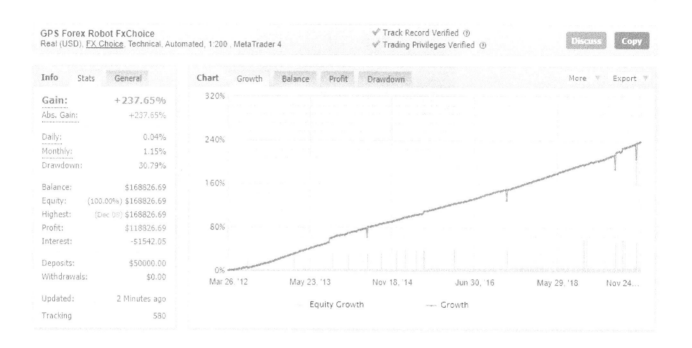

Link per verificare Live la validità di questo ScreenShot :

https://www.myfxbook.com/members/ForexMark/gps-forex-robot-fxchoice/301639

La linea rossa indica la crescita del capitale a partire dalla data iniziale.

Su questo Conto Live, l'autore ha trasformato : 50.000 USD in 168.826 USD !

[Conto Live 1 - Dettagli Annuali " Gps Forex Robot "] :

Anno 2012

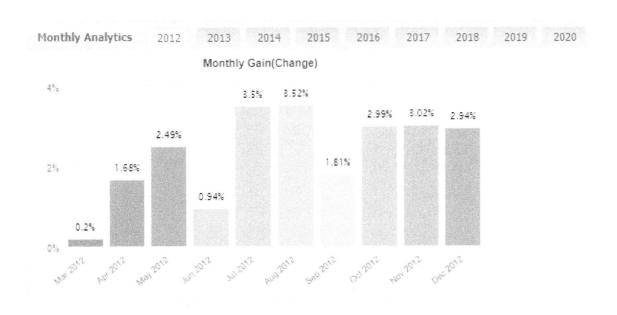

Anno 2013

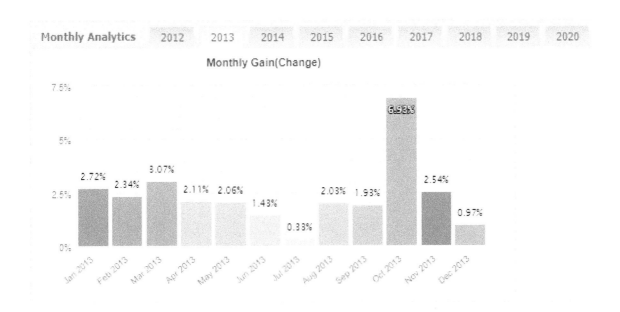

Anno 2014

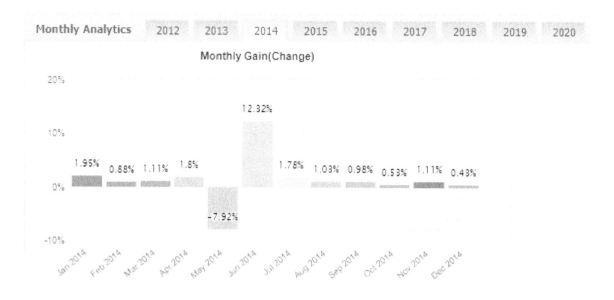

Anno 2015

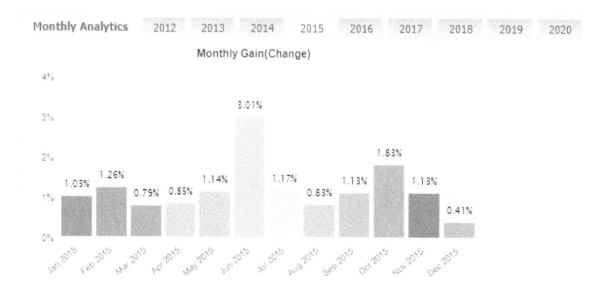

Anno 2016

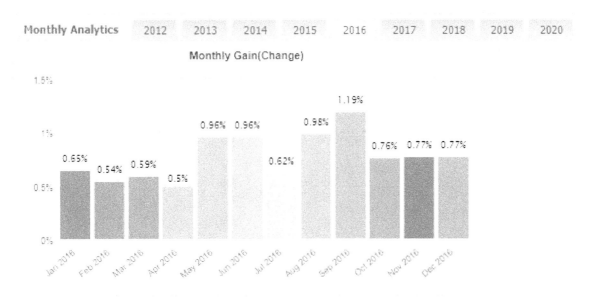

Anno 2017

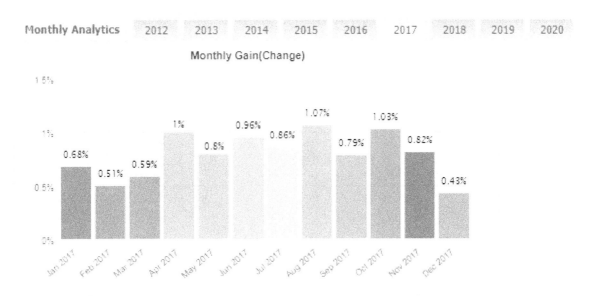

Anno 2018

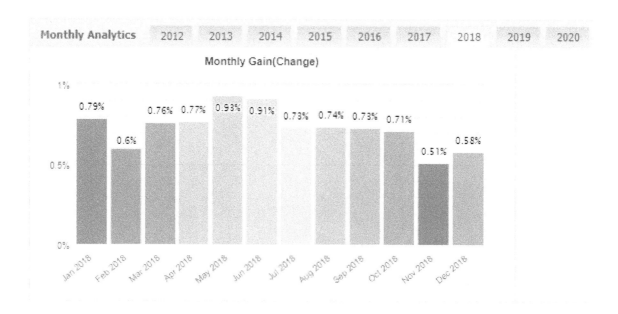

Anno 2019

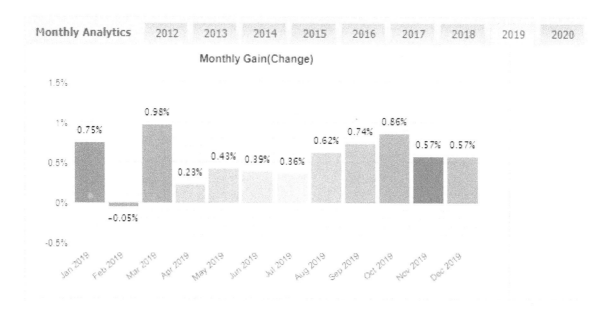

Anno 2020

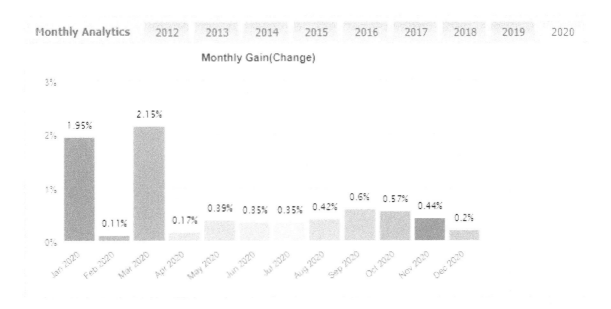

Link Per Visionare Le Statistiche Aggiornate Su Questo Conto Live :

[Conto Live 2 - Software Automatico " Gps Forex Robot "] :

Attualmente, come puoi vedere anche tu da questo screenshot, l'EA sta ottenendo l' **1,82 % Di Rendita Al Mese** in modo costante **(da Giugno 2012) !**

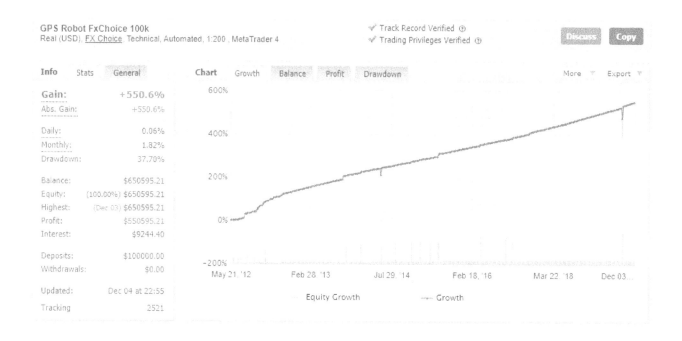

Link Per Visionare In Tempo Reale La Validità Di Questo ScreenShot :

https://www.myfxbook.com/members/ForexMark/gps-forex-robot-fxchoice/396026

La linea rossa indica la crescita del capitale a partire dalla data iniziale.

Su questo Conto Live, l'autore ha trasformato : 100.000 USD in 650.595 USD !

[Conto Live 2 - Dettagli Annuali " Gps Forex Robot "] :

Anno 2012

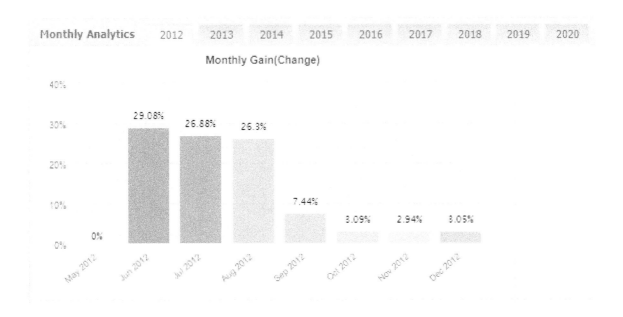

Anno 2013

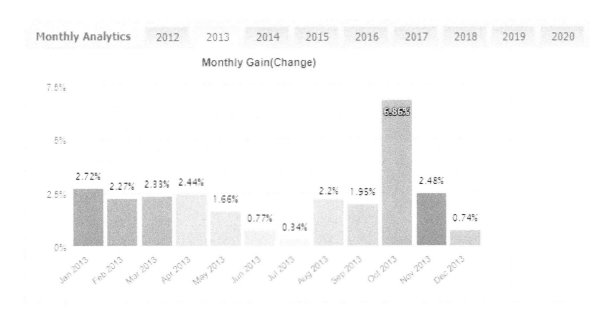

Anno 2014

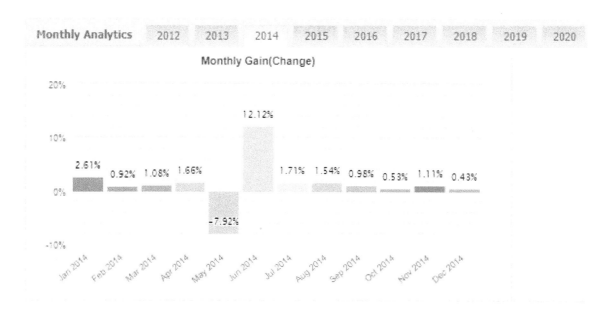

Anno 2015

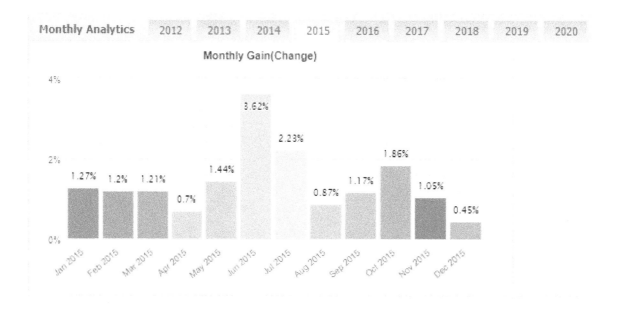

Anno 2016

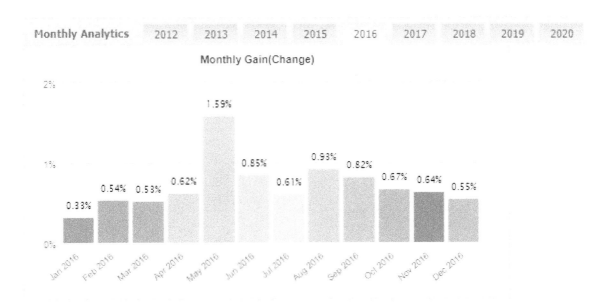

Anno 2017

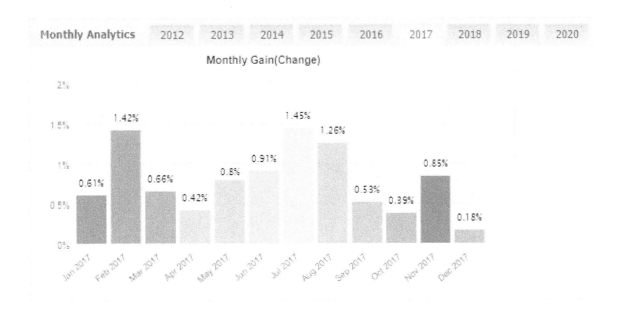

Anno 2018

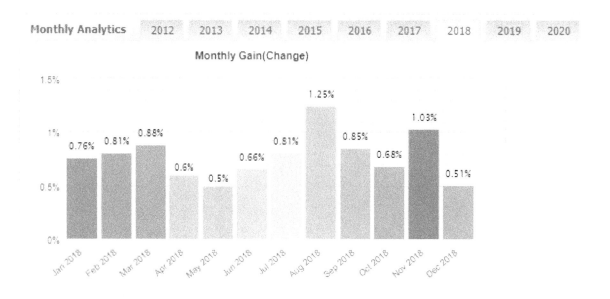

Anno 2019

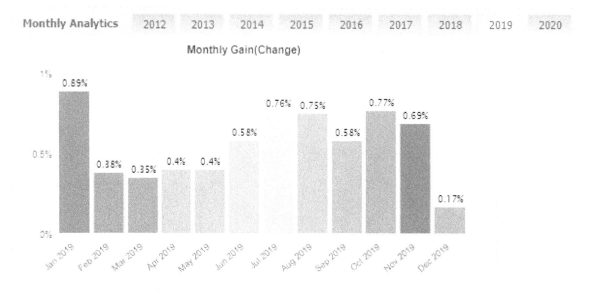

Anno 2020

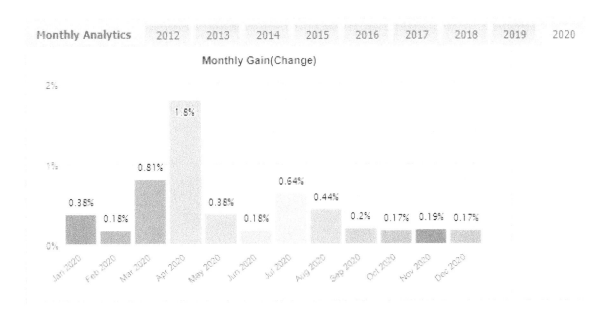

Link Per Visionare Le Statistiche Aggiornate Su Questo Conto Live :

https://www.myfxbook.com/members/ForexMark/gps-forex-robot-fxchoice/396026

[Conto Live 3 - Software Automatico " Gps Forex Robot "] :

Attualmente, come puoi vedere anche tu da questo screenshot, l'EA sta ottenendo l' **1,46 % Di Rendita Al Mese** in modo costante **(da Marzo 2015 !)**

Su questo Conto Live, da notare la ridotta percentuale del livello di DrawDown (capitale utilizzato per generare la rendita) :

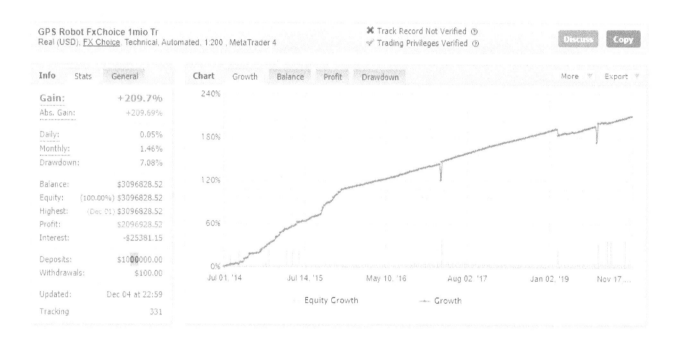

Link Per Visionare In Tempo Reale La Validità Di Questo ScreenShot :

https://www.myfxbook.com/members/ForexMark/gps-robot-fxchoice-1mio-tr/1355807

La linea rossa indica la crescita del capitale a partire dalla data iniziale.

Su questo Conto Live, l'autore ha trasformato : 1.000.000 USD in 3.096.828 USD !

[Conto Live 3 - Dettagli Annuali " Gps Forex Robot "] :

Anno 2015

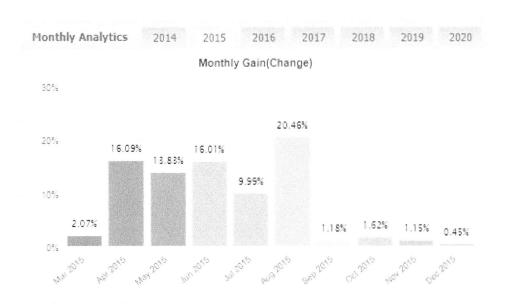

Anno 2016

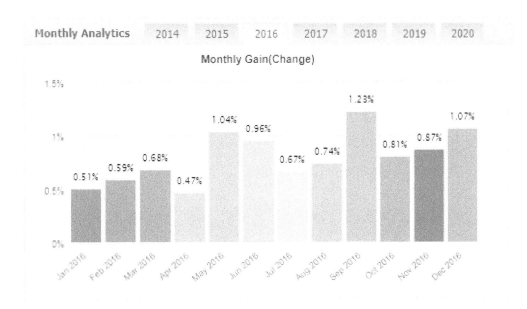

Anno 2017

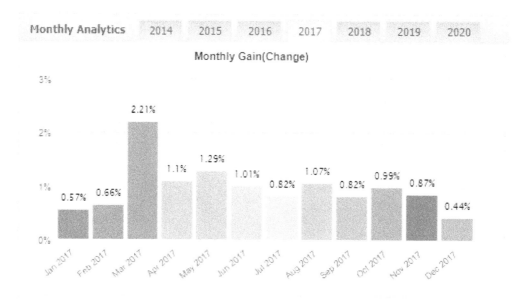

Anno 2018

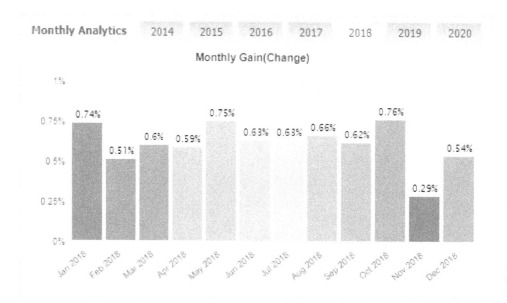

Anno 2019

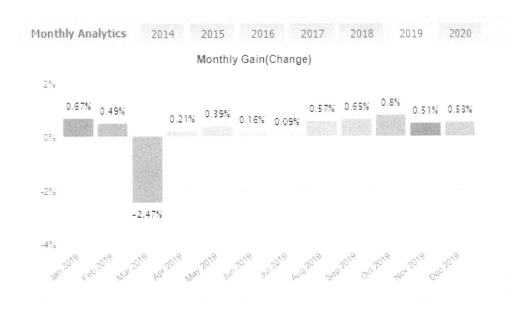

Anno 2020

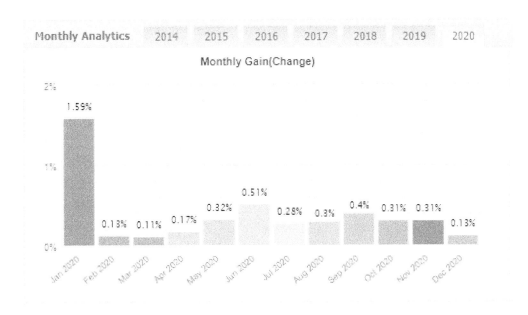

Link Per Visionare Le Statistiche Aggiornate Su Questo Conto Live :

https://www.myfxbook.com/members/ForexMark/gps-robot-fxchoice-1mio-tr/1355807

PUOI ACQUISTARE "GPS FOREX ROBOT" DA QUESTO SITO :

http://cliccaqui.gpsrobot.a.clickbetter.com

Adesso desideriamo che tu rifletta su tali cifre, in quanto: come puoi ben immaginare non esistono molte forme d'investimento in grado di generare le percentuali di rendita appena viste.

• Investire in immobili all'estero genera rendite del 5% Lordo Annuo (in Italia: tra tasse, spese burocratiche ed i rischi con gli inquilini si guadagna ancora meno).

• Tenere la propria liquidità bloccata (in banca) rende meno del 2% Lordo Annuo.

• Investire in Bot (Buoni Ordinari Del Tesoro) si può ottenere addirittura tassi negativi (come l'asta offerta ad Agosto 2020) !

• Investire in BFP (Buoni Fruttiferi Postali) rende il 2,56% netto alla fine di 20 anni. Si, hai letto bene: non è riferito su 12 mesi ma alla fine della scadenza ventennale !

Questo è il motivo per cui riteniamo il Forex Trading la migliore opportunità speculativa presente oggi sul mercato !

Naturalmente non è esente da rischi. Qualsiasi tipo d'investimento o attività autonoma può portare grandi introiti come perdite di denaro. Tuttavia, riteniamo che : a parità di rischio / impresa, il Forex Trading sia il business con più vantaggi in assoluto.

2° SOFTWARE AUTOMATICO CONSIGLIATO : " **FOREX DIAMOND** "

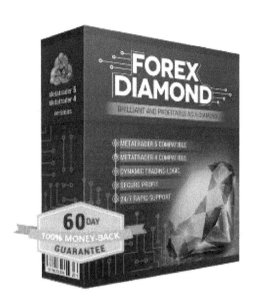

Forex Diamond è un Expert Advisor straordinario ed opera con la metodologia dello scalping (aprendo e chiudendo gli ordini in modo veloce). Questo Software Automatico è in grado di prevedere in largo anticipo i trend ed i contro trend delle valute : "GBP/USD" - "EUR/USD" - "USD-CHF" - "USD/JPY"

Sia i Take-Profit (massimi profitti stabiliti) che gli Stop-Loss (massime perdite stabilite) sono dinamici. Ciò significa che : in base alle condizioni di mercato, l'EA può modificare i propri punti d'entrata e di d'uscita, traendo così il massimo vantaggio.

I guadagni realizzati da questo EA sono incredibili. Si tratta di un programma ultra professionale e le statistiche riportate nella sua pagina ufficiale lo dimostrano in pieno.

L'autore possiede diversi conti (tutti visionabili all'interno della pagina di MyFxBook), di seguito ti evidenziamo quello Live (con soldi reali).

[Conto Live 1 - Software Automatico " Forex Diamond "] :

Attualmente, come puoi vedere anche tu da questo screenshot, l'EA sta ottenendo il **4,09 % Di Rendita Al Mese** in modo costante **(da Aprile 2019 !)**

Su questo Conto Live, da notare la ridotta percentuale del livello di DrawDown (capitale utilizzato per generare la rendita) :

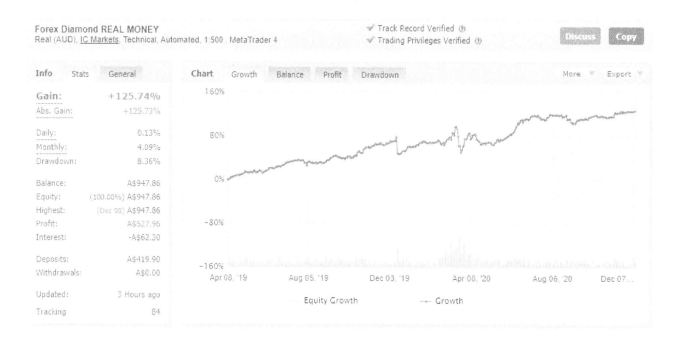

Link Per Visionare In Tempo Reale La Validità Di Questo ScreenShot :

https://www.myfxbook.com/members/forexdiamond/forex-diamond-real-money/3402799

La linea rossa indica la crescita del capitale a partire dalla data iniziale.

Su questo Conto Live, l'autore ha trasformato : 419,90 A$ in 947,86 A$!

[Conto Live 1 - Dettagli Annuali " Forex Diamond "] :

Anno 2019

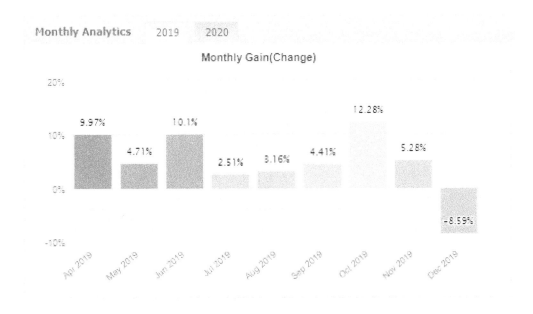

Anno 2020

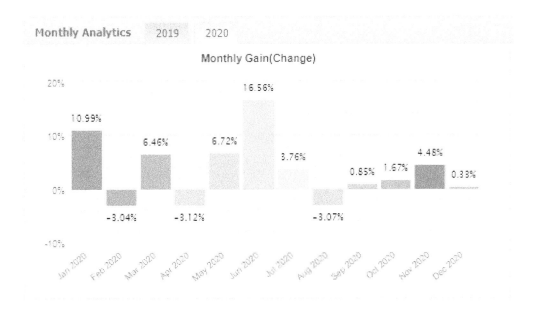

Link Per Visionare Le Statistiche Aggiornate Su Questo Conto Live :

https://www.myfxbook.com/members/forexdiamond/forex-diamond-real-money/3402799

PUOI ACQUISTARE "FOREX DIAMOND" DA QUESTO SITO :

https://hop.clickbank.net/?affiliate=cliccaqua&vendor=fxautoea

Anche questo Software Automatico (come il precedente) si paga una sola volta e non vengono richiesti abbonamenti mensili e/o annuali. Si tratta di una semplice "tantum".

Dopo l'acquisto, si viene reindirizzati presso l'area riservata del sito web (appartenente all'autore del programma) dove si può accedere con le proprie credenziali e scaricare l'ultima versione dell'Expert Advisor.

Tutti gli aggiornamenti rimangono gratuiti a vita, non esistono limiti d'utilizzo. Una volta acquistato (ed installato) si può cominciare a far maturare i fondi depositati.

Il minimo di capitale da predisporre per poter avviare la rendita è indicato all'interno del sito web ufficiale o nella propria area riservata. In genere, si può iniziare con poche centinaia di euro (corrispondente al deposito minimo richiesto dal proprio Broker).

E' possibile utilizzare entrambi i Software Automatici contemporaneamente (avendo cura d'inserire un "Numero Magico" diverso all'interno delle impostazioni degli EA. Tuttavia, è consigliabile farli lavorare su 2 Conti Distinti (anche nello stesso Broker).

VPS (Virtual Private Server)

Qualsiasi buon trader che si rispetti, non può fare a meno di affittare una VPS. Fondamentalmente, si tratta di un vero e proprio PC (o meglio: una porzione di un PC condiviso tra diversi clienti).

Per usufruire della VPS basta connettersi da remoto, tramite il proprio Computer.

In teoria, per operare con un Indicatore o Expert Advisor o per fare comunque trading basterebbe anche il proprio PC o Notebook di casa. Questo tuttavia, comporta la necessità di averlo dedicato all'operatività, sempre acceso e disponibile (senza altri programmi che possano interferire o rallentare l'esecuzione della MT4).

Dunque, la VPS risolve questo tipo di problema. Con essa, è come se avessimo un PC sempre acceso e attivo (sia a livello di energia elettrica che di connessione internet). Si tratta di una soluzione estremamente utile e professionale, necessaria a tutti gli operatori del Forex Trading.

Nessuno dei grandi personaggi (nel mondo finanziario) si priva di una VPS. Anche perché, affittare (ed utilizzare) una VPS è veramente semplice e alla portata di tutti.

I vantaggi di utilizzare una VPS sono enormi: innanzitutto, essa risiede all'interno di una Web Farm (un luogo sicuro e controllato 24 ore su 24). Oltre a questo, si ha la garanzia della massima potenza e stabilità in quanto: ogni VPS lavora in stanze super protette e raffreddate con aria condizionata (per permettere alte prestazioni).

La VPS inoltre, gode di un servizio di assistenza e di manutenzione in tempo reale (non c'è bisogno di monitorare niente). Tutto il lavoro di assemblaggio, configurazione ed attivazione del servizio viene gestito dalla Web Farm.

La VPS è persino collegata ad una rete internet ad alta velocità, quindi non esistono black-out di alcun genere. Avere una connettività sempre presente e soprattutto dedicata al Forex Trading garantisce una sicurezza indescrivibile.

Puoi collegarti alla tua VPS con un semplice Notebook o PC e lavorare su di essa come se fossi direttamente sul posto (quando in realtà puoi trovarti in ufficio o nella comodità di casa tua).

Come abbiamo detto, la VPS risulta molto utile per chi opera prevalentemente con i Software Automatici ed in genere, per tutti coloro che lavorano in ambiente di trading. Basti pensare alla comodità di non dover lasciare costantemente il proprio Computer acceso (evitando i costi per la connessione Internet e le spese per l'energia elettrica).

Affittare una VPS costa pochi Euro al Mese e si gode di un servizio "All Incluse". Questa cifra è davvero irrisoria per tutti vantaggi ed i benefici che essa offre.

In commercio esistono diverse Web Farm disposte ad affittarti una VPS di alto livello.

Adesso ti mostriamo quella da noi usata !

Web Farm VPS "Tagadab" :

Tagadab è una delle più grandi Web Farm in Europa (con assistenza 100% in italiano) con la quale ci troviamo decisamente bene. Essa propone varie soluzioni online, tra cui anche il servizio di VPS.

Per usufruire del servizio collegati sul loro sito ufficiale : **https://Tagadab.it**

Una volta atterrato sul sito, seleziona il servizio da acquisire indicando la voce "MetaTrader" nella casella "Server per".

Nella casella "Software" inserisci "Windows, IIS, .NET, MSSQL, Ecc..."

Tutte le altre voci puoi lasciarle con la dicitura : "Non saprei".

Fatto questo clicca su "TROVA !"

Successivamente ti compare una prima pagina di conferma. Clicca sulla scritta "ORDINA ORA" :

SVS1000 CON WINDOWS SERVER   €14.99

Metatrader ha bisogno di Windows per funzionare. Tagadab ha a disposizione un Server Virtuale su misura per il trading. Questo Server Virtuale è abbastanza potente per svariate piattaforme Metatrader, e con la nostra eccellente rete non avrai problemi di connessione latente. Per maggiori informazioni, clicca 'Ordina'.

ORDINA ORA

Poi ti compare una seconda pagina di conferma. Clicca di nuovo su "ORDINA ORA" :

Dopodiché ti viene richiesto di ultimare l'ordine. Puoi scegliere se ricevere la fatturazione annuale (pagando 12 mesi in un'unica soluzione) o se ricevere la fatturazione mensile.

Se è la prima volta che ti servi di tale azienda, ti consigliamo di usufruire della prova trial (con la prima settimana al costo di 1 solo euro !)

La tua VPS risiede su un server dal nome **SVS1000** (la versione più economica ma comunque abbastanza potente per far girare su di essa un paio di Metatrader).

Su una VPS (con 1024 MB di RAM) è consigliabile installare massimo 2 Metatrader. Per un corretto funzionamento è opportuno lasciare che la VPS lavori in leggerezza.

Come sistema operativo scegli l'ultima versione di : Windows 2019 standard (64 bit).

E' importante inserire nell'ordine l'optional : **"Drive a Stato Solido" (SSD for VPS).**

A fronte di soli 3.50 euro in più al mese, abbiamo riscontrato una velocità e stabilità nettamente superiore. Dunque, selezionalo anche tu.

NON ti occorre nessun pannello di controllo, quindi non selezionare né la versione "Plesk" né la versione "cPanel".

NON ti occorre alcun software aggiuntivo, quindi non selezionare nessuna voce tra i vari Linux, m sul, sql, ecc...

NON ti occorrono nemmeno le opzioni server, quindi non selezionare nessun firewall, servizio di monitoraggio, servizio di backup, servizio di test vulnerabilità, ecc...

Adesso sei pronto ad effettuare la registrazione come cliente e versare l'importo cliccando sulla voce : "Procedi Con Il Checkout".

Una volta riempito il formulario con i tuoi dati, puoi finalizzare l'acquisto ed attendere qualche ora che il processo si ultimi.

La caratteristica primaria del servizio offerto da Tagadab è la praticità, la velocità e l'estrema semplicità del processo di attivazione.

Tagadab è indicata soprattutto per chi ha poca dimestichezza o nessuna esperienza in ambito di VPS. Essa permette a chiunque, di affittare un "Virtual Private Server" in modo semplice ed immediato.

L'automatizzazione è il fiore all'occhiello di questa Web Farm, ti stupirai di quanto sia semplice ed immediato il processo d'attivazione ! Appena sarà pronto, riceverai una email di conferma nella tua posta elettronica. (Controlla sempre in spam o nella cartellina promozioni) a volte i messaggi finiscono li.

Per entrare nell'area clienti di Tagadab vai su questo link ed inserisci i dati di accesso :

https://admin.tagadab.it/login

All'interno dell'area clienti, puoi visionare lo status del tuo ordine e monitorare in tempo reale l'avanzamento della tua VPS.

Come già detto, generalmente viene attivata e configurata in poche ore. Appena risulta disponibile, collegati su di essa con le credenziali disponibili nella tua area cliente. In particolare necessiti dell'indirizzo Ipv (valore numerico del Server) e la Password.

Entrambi i dati devi inserirli nella finestra dell'applicazione per accedere da remoto. Se non trovi l'applicazione sul PC effettua una ricerca (sempre dal tuo PC) scrivendo "Connessione Accesso Remoto".

Da li puoi aprire l'applicazione in modo facile. Ecco come risulta la finestra dell'APP:

Ricordati di salvare le credenziali di accesso appena te lo chiede, in questo modo non devi digitarle ogni volta che ti colleghi.

Se hai effettuato tutti i passi correttamente, dovresti poter accedere subito.

Dopo essere entrato all'interno, vedi comparire davanti a te la schermata del desktop e puoi iniziare ad effettuare tutte quelle operazioni che normalmente faresti con il tuo PC (tipo : copiare e incollare i file dal tuo computer verso la VPS, installare la Metatrader, effettuare l'accesso su di essa, installare i tuoi Software Automatici, tradare valute in manuale o in automatico, ecc...)

Considerazioni Importanti

I Software Automatici possiedono al proprio interno dei valori già preimpostati. E' opportuno utilizzarli così come sono, senza modificarli. I numeri indicati nei campi "Valori Di Input" devono rimanere invariati. Ecco un esempio :

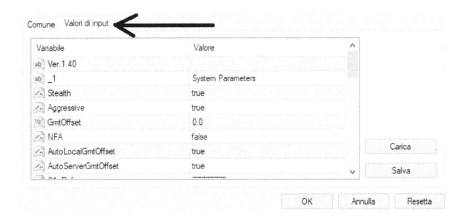

Altra considerazione importante, riguarda il deposito iniziale. E' ovviamente opportuno NON scendere mai sotto la cifra consigliata e seguire un'operatività molto conservativa. A ogni modo, tutte le condizioni essenziali vengono fornite con l'acquisto degli EA. Prima di investire soldi reali su un conto live, è consigliabile testare gli EA su un conto demo. Questo ti permette di provare il Broker e vedere come i programmi operano.

Se necessiti di aiuto riguardo agli EA, al Broker o alla VPS, rivolgiti a servizi di assistenza delle rispettive compagnie. Per ricevere info riguardo i prodotti e i servizi acquistati, contatta tranquillamente le aziende di riferimento ed esse, tramite i loro commerciali e consulenti di vendita, ti forniranno tutte le informazioni di cui necessiti.

Ultima raccomandazione, è quella di utilizzare solo prodotti e servizi originali. I Software Automatici godono di tutela sulla qualità, assistenza a 360° e soprattutto garanzia sugli aggiornamenti importanti rilasciati in tempo reale. Con i prodotti contraffatti invece, non godi di alcun tipo di privilegio ed oltre a questo, non disponi delle ultime versioni. Devi sapere infatti, che gli aggiornamenti ufficiali includono continui rilasci di "nuove release".

Tralasciando l'aspetto morale (nell'acquisire un prodotto senza ricompensare l'autore), tralasciando inoltre tutti i rischi correlati alla pirateria, avresti anche la possibilità di perdere soldi importanti dal tuo account. Chi acquista un prodotto contraffatto infatti, ottiene un software obsoleto e pieno di bug irrisolti quindi, ti domandiamo: è sensato accapparrarsi uno strumento non originale (che ti serve per lavorare in modo sicuro) per risparmiare pochi euro e rischiare un tracollo economico ? Non crediamo proprio...

I veri investitori e tutti gli imprenditori di successo ragionano ad alti livelli e non si limitano a tali bassezze. Se hai acquistato il presente manuale, riteniamo che tu faccia parte delle persone serie e professionali, pronte a trarre profitti nel modo più sicuro ed affidabile possibile.

Conclusione

Ok perfetto, siamo giunti al termine di questo viaggio straordinario... Siamo certi di averti offerto informazioni essenziali per la tua partenza nel mondo del Forex Trading !

Molti operatori (sia professionisti che alle prime esperienze) stanno già incassando le loro rendite finanziarie e presto, puoi generarle anche tu.

Prenditi tutto il tempo necessario per provare, testare e comprendere il funzionamento del mercato. Vedrai che: con un minimo di esperienza inizierai a padroneggiare i Software Automatici e generare i tuoi primi introiti !

Abbiamo fatto veramente il possibile per fornirti informazioni semplici e di estremo valore. Siamo certi che anche tu puoi approfittare subito di questi straordinari vantaggi. Cogliamo l'occasione di augurarti il massimo successo !

Nell'attesa di ricevere il tuo prezioso Feedback a 5 Stelle ti ringraziamo e ti salutiamo cordialmente. Un grande in bocca a lupo da tutto lo Staff :-)

Disclaimer

1 - La presente Guida deve essere considerata come uno strumento di studio per soli fini statistici e didattici. Se decidi di applicare le informazioni qui contenute, utilizzando denaro reale, rimani l'unico responsabile sull'andamento del tuo conto. Tieni presente che: la maggior parte delle persone che si affaccia nei mercati finanziari non ottiene risultati positivi (per mancanza di esperienza, di consigli professionali e di strategie efficaci). Tieni presente che: i Software Automatici sono strumenti utili per aumentare le probabilità di successo !

2 - Tutte le dichiarazioni contenute all'interno di questo libro (compreso i profitti ed i risultati generati) si riferiscono all'esperienza maturata da noi e dai nostri utenti nel corso del tempo. Ciò non significa che chiunque possa raggiungere tali traguardi in modo facile e garantito.

3 – I profitti passati non devono essere ritenuti indicativi per quelli futuri.

4 – Gli autori di questa Guida non sono responsabili per eventuali perdite di denaro e/o per un utilizzo diverso da quello didattico riguardo alla messa in pratica della stessa.

5 - Questa Guida non propone né investimenti finanziari né opportunità speculative. Essa mostra solo alcuni spunti riflessivi ed informazioni di uso privato che abbiamo scelto di condividere.

6 – Operare su conti live (con soldi reali) può comportare la perdita parziale o totale dell'intero capitale depositato. Non ci assumiamo nessuna responsabilità su come viene utilizzata la presente Guida.

7 - Chiunque intenda operare sul mercato reale, contatti il proprio consulente professionale o si faccia consigliare da un esperto autorizzato.

8 - Ci riserviamo il diritto di prendere provvedimenti per chiunque tenti di copiare, modificare, distribuire e/o rivendere il presente trattato senza esplicita autorizzazione.

Il lettore accetta ogni singolo punto del presente disclaimer e s'impegna a deresponsabilizzarci da tutte le informazioni apprese. Cordialmente, Staff.

Vincere Alle Scommesse

2° Libro

Guida Pratica Su Come Guadagnare Grazie Al Trading Sportivo.

Scopri i Migliori Sistemi Per Vincere Al Calcio Scommesse.

Metodi Per Fare Soldi Con il Betting Online.

Autori : Re Totti Cosentino – Roberto Bardolla

Buona Lettura

SOMMARIO

Introduzione

Capitolo 1 : Sistema Degli Esiti Diversi

Capitolo 2 : Sistema Del Pre-Coppa

Capitolo 3 : Sistema Del Post-Coppa

Capitolo 4 : Sistema Del Pari

Capitolo 5 : Sistema Del Pari e Dispari

Capitolo 6 : Sistema Surebet

Capitolo 7 : Sistema Tris

Capitolo 8 : Sistema Per Opportunisti

Capitolo 9 : Sistema Dei Risultati Esatti

Capitolo 10 : Sistema Degli Otto Eventi

Capitolo 11 : Software Gestionale

Disclaimer

Introduzione

Complimenti per esserti interessato al libro per **"Vincere Alle Scommesse"** ! Siamo certi che lo troverai estremamente utile e molto interessante.

Sei ad un passo per conoscere i sistemi utilizzati dai migliori giocatori professionisti !

Le metodologie riportate sono le stesse da noi applicate per generare vincite di : **1.000 / 2.000 Euro Settimanali** grazie al Betting Online.

Queste cifre rappresentano solo una piccola parte, si potrebbero ottenere compensi molto più elevati in base ad alcuni fattori, tra cui :

- 1 - Il tipo di sistema scelto.
- 2 - La selezione degli incontri su cui giocare.
- 3 - L'importo scommesso per singola puntata.
- 4 - Il modello di money management utilizzato.

I 4 fattori appena elencati sono determinanti per ottenere vincite costanti e durature nel tempo.

Adesso te li mostriamo nel dettaglio in modo che tu possa comprenderli al meglio...

* Riguardo al Sistema, è necessario sceglierne almeno 1 dalla lista (in questa Guida ne abbiamo inseriti ben : 10 !)

* Riguardo la selezione degli incontri, dipende dall'utente, nel senso che: occorre individuare le partite su cui giocare (tra campionati italiani ed esteri, tornei, coppe, amichevoli, ecc...) Tutto questo in base ai parametri valutativi proposti dal tipo di sistema scelto.

* Riguardo all'importo scommesso, c'è una netta differenza tra puntare 10 Euro alla volta o 100 Euro ad ogni singola giocata... Quindi : come puoi ben immaginare, tale fattore incide profondamente sull'utile settimanale.

* Riguardo al money management, è possibile scegliere tra 2 modelli diversi: quello "<u>standard</u>" (scommettendo una posta fissa ogni singola volta) o quello più "<u>aggressivo</u>" (scommettendo una posta crescente ogni singola volta).

<u>Attieniti sempre alle metodologie indicate.</u>

Non fare come la massa degli sprovveduti. La maggior parte degli scommettitori si reca in agenzia ed acquistano le bollette già precompilate (quelle che generalmente si trovano sul bancone). Tale approccio non è per nulla serio. Tu non vuoi essere un povero giocatore d'azzardo. Tu vuoi essere giocatore professionista, giusto ?

Molti scommettitori, tracciano semplicemente un segno "1X2" (a caso), altri invece si affidano alla fortuna oppure si fanno influenzare da chi è nelle vicinanze. Non c'è modo migliore per perdere.

<u>Adesso attento a quello che ti diciamo: il miglior modo per vincere costantemente al gioco delle scommesse è quello di selezionare di volta in volta le squadre giuste, tenendo in considerazione gli ultimi risultati ottenuti.</u>

La statistica più veritiera e performante, deriva dagli ultimi incontri, in particolare dalle ultime 3/4/5 partite...

Non è funzionale seguire statistiche più lunghe, tipo quelle che vanno indietro di molti mesi o addirittura di anni.

Da qui, derivano quote profittevoli che i bookmaker non tengono in considerazione in quanto: vengono elaborate in modo standard.

Facciamo un esempio: un pareggio di una squadra "x" verrà quotato sempre allo stesso modo, nonostante che tale squadra abbia pareggiato diverse volte nelle ultime gare (o non abbia mai ottenuto un pareggio da molti turni).

I bookmaker non sono abituati a "correggere" le quote in base ai risultati passati. Difficilmente tengono in considerazione la statistica. Questo è un punto a nostro favore e se saputo sfruttare ci porta un profitto matematico nel tempo.

Chi scommette sempre lo stesso importo (per ogni evento), ottiene vincite più esigue e meno veloci ma anche più sicure. Chi utilizza la "leva finanziaria" optando per un money management progressivo, ottiene vincite più profittevoli e più veloci ma anche meno sicure.

Capitolo 1 : Sistema Degli Esiti Diversi

Questo sistema propone la possibilità di sfruttare la chance degli integrali che quasi tutti i siti di scommesse offrono, vincendo sempre. Negli integrali, come sicuramente saprai, hai la possibilità di inserire **più esiti**.

Per vincere in modo sicuro è davvero semplice: basta coprirsi ! Così da avere due esiti che possano realizzarsi tutte e due.

Prendiamo quattro partite con quote vicine a :

1: 2.70   **X**: 3.40   **2**: 2.80

(consigliamo di usare questo metodo scommettendo sui campionati **olandesi**, in quanto le loro squadre segnano molti gol).

Nelle quattro partite, giocare come esiti l' 1X, con quota intorno a 1.40 e il Goal Ospite, quota che si avvicina solitamente a 1.45. Nel caso peggiore si prenderebbero solo una delle due giocate ma, nella maggior parte dei casi, è possibile aggiudicarsi la totalità degli esiti.

Tutti i risultati sono coperti da questa giocata.

0-1, 0-2, 1-2 sono risultati che ci permetterebbero di prendere il **Goal Ospite**; 1-0, 0-0, 2-0 l' 1X.

Tutti gli altri risultati (1-1, 2-1, 3-1, 2-2) ci farebbero prendere tutte e due le quote così da poter aumentare la quota finale.

Quindi in poche parole: con questo metodo, la schedina risulterà per forza vincente.

Nei casi peggiori potremmo avere una perdita del 25% di ciò che si è giocato (puntando 100 ne vinceremmo **75**) ma negli altri casi possiamo raggiungere un guadagno del 78% (giocando 100 euro ne vinceremmo ben: **178 !**)

Stesso metodo è utilizzabile con l' **Over 1.5** e il **No Goal**: <u>in questo caso bisogna giocare le prime squadre di ogni campionato che subiscono pochi goal e che affrontano squadre relativamente scarse ma che segnano tanto</u>.

Qualsiasi risultato ci fa vincere. L' 1-1 ci fa vincere perchè ci fa prendere **l'Over 1.5**, mentre una sorprendente vittoria della squadra sfavorita per 0-1 ci farebbe prendere il **No Goal**.

Anche questa schedina con qualsiasi esito finale risulterebbe vincente (con le stesse percentuali di prima).

Facciamo degli esempi pratici per capire meglio.

Primo Caso :

Twente-Ajax : 1X / Segna Ospite

Oss-Helmond : 1X / Segna Ospite

At.Madrid-At. Bilbao : 1X / Segna Ospite

Sampdoria-Livorno : 1X / Segna Ospite

Secondo Caso :

Juventus-Chievo : Over 1.5 / No Goal

Real Madrid-Vallecano : Over 1.5 / No Goal

Bayern Monaco-Hoffeneim : Over 1.5 / No Goal

Arsenal-Fulham : Over 1.5 / No Goal

Prova a visionare tu stesso... Qualsiasi esito finale risulta vincente con questo Sistema integrale. Come puoi notare si tratta di un sistema semplice ed al contesto veramente efficace.

Basta scegliere le partite ed otterremmo grandi incassi. Anche se paradossalmente giocassimo a caso, porteremmo sempre a casa qualcosa.

Nel secondo caso occorre trovare squadre con una buona difesa ed un ottimo attacco, così da prendere entrambe le giocate (2-0, 3-0 e così via...)

Capitolo 2 : Sistema Del Pre-Coppa

Questo sistema si basa su una casistica ben definita, con la quale è possibile totalizzare numerose vincite.

<u>Si basa infatti sullo scegliere le squadre che si ritrovano a giocare partite importanti di coppa (come ad esempio la Champions League).</u>

Generalmente infatti, l'ultima partita di campionato (quella giocata prima dell'incontro di coppa) viene presa non troppo seriamente dalla squadra di riferimento. Specialmente se tale partita viene giocata fuori casa.

Le ragioni per cui avviene questo sono diverse, tra cui: la mente dei giocatori è già proiettata verso la partita successiva, c'è la paura di infortunarsi, il dover risparmiare energie e soprattutto la messa in campo di riserve. In tali casi, molti allenatori optano per il tourn over.

Dato che il bookmaker non prende troppo in considerazione tali aspetti, offrirà le stesse quote proposte di solito (creando così un aumento del potenziale guadagno a fronte di un rischio inferiore).

Prendendo un singolo episodio potrebbe non comparire tale beneficio, ma ti assicuriamo che su una decina di episodi otteniamo un discreto margine di vantaggio statistico nei confronti del bookmaker.

Ci siamo ritrovati ad esempio a scommettere 100 Euro per 10 partite consecutive di pre-coppa (anche su diversi match), ritrovandoci alla fine con un 30% di profitto !

Il consiglio è quello di scommettere sull'1X (quindi sul pareggio e sulla vittoria della squadra di casa, ovvero: l'avversaria della squadra che sarà impegnata successivamente in coppa).

Sembra banale ma funziona alla grande, provaci !

Capitolo 3 : Sistema Del Post-Coppa

Questo è uno dei nostri sistemi più utilizzati.

Con lo stesso principio (del sistema precedente), abbiamo individuato una statistica su larga scala che induce le squadre provenienti dalle partite di coppa (non la tim cup) ma quelle con alto valore: tipo l'Europa League e/o la Champions League a non confermare le performance abituali ottenute in precedenza.

Probabilmente, ciò deriva dalla tensione accumulata da parte dei giocatori che, una volta tornati a giocare nel proprio campionato non hanno avuto la possibilità di ripristinare le forze. Anzi... nella maggior parte dei casi sarà avvenuto un "rilassamento psico-fisico". Tutto ciò andrà ad incidere negativamente con la prima partita di campionato (post-coppa).

Noi scommettiamo in questo modo: puntiamo sulla vittoria ed il pareggio dell'avversario di tale squadra.

Le probabilità aumentano considerevolmente se, la squadra di riferimento ha dovuto rimontare (in coppa) un risultato penalizzante.

Ovviamente, per massimizzare il vantaggio statistico dobbiamo scegliere una squadra che giochi la partita di campionato fuori casa.

Anche in questo caso, a parità di condizioni (poiché il bookmaker non tiene troppo in considerazione tali aspetti) ci ritroviamo con un netto vantaggio in rapporto alla quota offerta / rischio sostenuto.

Scommettendo in tale maniera, abbiamo riscontrato un 30% di guadagno extra su una decina di match giocati.

Capitolo 4 : Sistema Del Pari

Questo sistema ha una **probabilità di vincita elevatissima** ma richiede un po' di studio. Nello scegliere infatti tra le partite "facili" dobbiamo andare a prendere quella che probabilmente non finirà con una goleada.

Selezionare le squadre adeguate è molto semplice, basta confrontare il totale dei goal fatti e subiti nelle statistiche pubbliche.

Va comunque detto che, con questo sistema copriamo anche la goleada, basta che finisca con una somma dei gol **pari**.

I risultati di : 4-2 / 2-4 / 3-3 / 4-4 / ecc... risulterebbero comunque vincenti.

Andiamo ad analizzare il sistema:

1 - Trovare una partita definite il cui risultato sia abbastanza scontato (Es. Juve-Sassuolo) e che statisticamente non finisca in goleada (poi vedrai cosa intendiamo per goleada).

2 - Puntare il **60% del budget** sul risultato "**Somma Gol Pari**" (generalmente quotato 1.85).

3 - Puntare il 15% del budget sul risultato **1-0** (generalmente quotato 9.50).

4 - Puntare il 15% del budget sul risultato **2-1** (generalmente quotato 8.50).

5 - Puntare il 10% del budget sul risultato **3-0** (generalmente quotato 12.00).

FAI MOLTA ATTENZIONE ALLE QUOTE ED EVENTUALMENTE RITOCCA UN POCHINO LE PERCENTUALI. L'OBIETTIVO È QUELLO DI COPRIRE CON OGNI SCOMMESSA ALMENO IL BUDGET PREFISSATO. L'ALTRA COSA IMPORTANTE È QUELLA DI MODIFICARE LE PERCENTUALI DI SCOMMESSA IN BASE AL BOOKMAKER E ALLE PICCOLE VARIAZIONI.

In pratica sono coperti buona parte dei risultati possibili. Con tale metodo, i risultati che rimangono scoperti sono davvero improbabili. Questo sistema è uno dei nostri preferiti per generare grandi introiti ! Grazie ad esso ci siamo tolte numerose soddisfazioni. Provare per credere!

Ora facciamo un esempio pratico e prendiamo come riferimento la partita :

Real Sociedad - Real Madrid del 31/08/14

Investimento / budget: **1.000 EURO**

Seguendo lo schema riportato in precedenza, piazzeremo un totale di 4 scommesse:

- **600 EURO** sul risultato "Gol Pari" quotato a 1.85 (Potenziale Vincita : : 1.110 EURO).

- **150 EURO** sul risultato "0-1" quotato a 9.00 (Potenziale Vincita : 1.350 EURO).

- **150 EURO** sul risultato "1-2" quotato a 8.50 (Potenziale Vincita : 1.275 EURO).

- **100 EURO** sul risultato "0-3" quotato a 12.00 (Potenziale Vincita : 1.200 EURO).

Riportiamo la vincita realizzata con un piccolo investimento (su Betfair). Come si può vedere, abbiamo vinto con la "Somma GOAL PARI" :

31-ago-14 22:55:23	Sociedad - Real Madrid 0-3 - Risultato Esatto ID scommessa Betfair O/4227967/0000004	ID scommessa AAMS dd07de081f139ca5d502	Piazzata: 31-ago-14 14:48:40	12.00	2.00	0.00	Persa
31-ago-14 22:55:23	Sociedad - Real Madrid 1-2 - Risultato Esatto ID scommessa Betfair O/4227967/0000003	ID scommessa AAMS dd07de081f0aca6d6b0c	Piazzata: 31-ago-14 14:48:27	8.50	3.00	0.00	Persa
31-ago-14 22:55:23	Sociedad - Real Madrid 0-1 - Risultato Esatto ID scommessa Betfair O/4227967/0000002	ID scommessa AAMS dd07de081f139ca8fc06	Piazzata: 31-ago-14 14:48:10	9.00	3.00	0.00	Persa
31-ago-14 22:55:13	Sociedad - Real Madrid PaRi - Pari/Dispari ID scommessa Betfair O/4227967/0000001	ID scommessa AAMS dd07de081f139ca53c02	Piazzata: 31-ago-14 14:47:53	1.85	12.00	22.20	Vinta

Questo è solo un micro assaggio e come dicevamo prima, la vincita può essere estremamente maggiore (moltiplicando esempio x 100 la quota scommessa). In tutti i casi, la probabilità di vincita resta veramente <u>molto elevata</u>. Con questo semplice metodo, abbiamo trasformato un capitale iniziale di 2.000 Euro in **OLTRE 25.000 Euro** in poche settimane ! Il segreto è semplice, basta reinvestire ogni volta parte delle vincite... ;-)

Capitolo 5 : Sistema Del Pari e Dispari

Questo sistema (seppur molto facile da attuare) fa guadagnare altissimi compensi ogni settimana. Basta attenersi alle indicazioni riportare...

Non ti forniamo la spiegazione tecnica e lo studio statistico nel dettaglio in quanto, risulterebbe troppo complesso da illustrare, tuttavia ti garantiamo che si tratta di uno tra i migliori metodi in assoluto per vincere con alta frequenza.

Quello che facciamo è di: scegliere un incontro sportivo tra i vari campionati europei e/o extra europei (comprese le serie inferiori) selezionando una squadra che nelle **ultime 3 partite** abbia finito il **primo tempo con la somma di gol dispari** e contestualmente che abbia finito il **secondo tempo con la somma dei gol pari.**

In questo esempio, abbiamo scelto la Juve, in quanto nelle ultime 3 partite si sono realizzati le condizioni descritte in precedenza. Eccole nel dettaglio :

Juve - Milan (fine primo tempo) : 1-0
Juve - Milan (fine secondo tempo) : 1-1

Inter - Juve (primo tempo) : 1-2
Inter - Juve (fine secondo tempo) : 2-2

Juve - Roma (primo tempo) : 0-3
Juve – Roma (fine secondo tempo) : 1-3

Come puoi vedere, negli ultimi 3 incontri, il primo tempo è finito con la somma dei gol "dispari" ed il secondo tempo è finito con la somma dei gol "pari".

Adesso, dopo aver individuato la squadra con tali condizioni giochiamo all'incontrario, ovvero : puntiamo sulla somma dei gol "PARI" durante il primo tempo della quarta partita che affronterà la Juve.

Se il primo tempo (della quarta partita) finisce con un risultato positive, tipo : 0-0 / 1-1 / 2-0 / 0-2 / 2-2 / 3-3 / ecc... abbiamo vinto ed incassiamo.

In alternativa giochiamo sul "DISPARI" durante il secondo tempo aumentando la puntata del 200%.

Questo metodo deve andare avanti fino al profitto generato (continuando a giocare sulla stessa squadra in modo esponenziale). Fino ad oltranza, attenersi a giocare la somma dei gol "PARI" nel primo tempo e la somma dei gol "DISPARI" nel secondo tempo.

A seguito di una nostra ricerca (nel 70% dei casi), ogni partita termina con la somma dei gol pari durante la fine del primo tempo o in alternativa, con la somma dei gol dispari durante il secondo tempo.

La percentuale arriva all'80% se viene preso in considerazione il campionato Italiano di Serie A.

Quindi, prendendo di riferimento una squadra che nelle **ultime 3 partite** abbia generato una condizione diversa da quella indicata (con gol pari alla fine del primo tempo o gol dispari alla fine del secondo tempo) c'è una grandissima probabilità che la vincita si concretizzi nella partita successiva o al massimo entro pochi turni.

Ovviamente, come già detto bisogna aumentare la posta ad ogni turno extra (almeno del 200%) ma sinceramente, noi non siamo mai andati oltre il
2° turno giocato.

T'invitiamo ad utilizzare questo metodo come tuo preferito. Grazie ad esso otteniamo grandi soddisfazioni economiche ogni settimana.

Capitolo 6 : Sistema Surebet

Questo sistema è poco utilizzato ma spesso offre delle ottime opportunità di vincita.

Il sito principale da noi utilizzato per selezionare le scommesse sicure è:

http://www.oddsmeter.com/sure-bets.aspx

Assolutamente SI ! 100 % Affidabile !

Scommettere su un incontro sportivo sapendo in anticipo che la vincita è garantita crediamo sia il sogno di qualsiasi giocatore.

Eppure, la matematica ci dice che qualche volta tale possibilità si concretizza veramente.

Incredibile vero...?

Per capire come realizzare una scommessa sicura (avendo la certezza di vincere) occorre conoscere innanzitutto il suo funzionamento.

In particolare bisogna sapere che la probabilità di un evento (attribuita dal bookmaker) rispecchia "quasi fedelmente" **la quota indicata**.

Ogni bookmaker applica il proprio vantaggio matematico (di circa il 5%), a titolo di tassa sul banco. Questo garantisce all'agenzia di scommesse un guadagno sul medio-lungo periodo.

Ad esempio, se la vittoria della Juve (nella partita Juve-Milan) è quotata a 1,6 (cioè se una scommessa di 10 euro è pagata in caso di vittoria di 16 euro), vuol dire che il bookmaker stima una probabilità di vittoria della Juve pari a 1/1,6 = 0,625 = 62,5%.

Per conoscere la reale probabilità dell'evento (attribuita dal bookmaker) occorre calcolare il risultato di **1 diviso la quota** (x 100 se vogliamo ottenere la percentuale).

Evento che può essere la vittoria di una squadra, la vittoria dell'altra o il pareggio (laddove ammesso, si pensi agli incontri di tennis, di basket o di pugilato, in cui il risultato esclude il pareggio).

Se prendiamo una qualsiasi partita di calcio e calcoliamo le probabilità dei 3 eventi possibili per questa partita (1, X e 2), otteniamo 3 probabilità, una per ogni eventuale risultato.

Sommando le probabilità così ottenute arriviamo, nella maggior parte dei casi, ad una percentuale superiore a 100 (per esempio 105).

Come già detto, il maggior valore rispetto a 100 rappresenta il margine di guadagno del banco (in questo caso del bookmaker) e pertanto, da un punto di vista matematico possiamo dire che **il gioco non è equo**, ma è un vantaggio essenziale per il gestore delle scommesse.

Se guardiamo ai principali bookmaker autorizzati in Italia possiamo quantificare la loro quota di guadagno intorno al 5% dell'ammontare delle scommesse, cioè la somma delle loro probabilità stimate dalle quote è circa del 105%.

Ti chiederai: se le cose stanno così, **com'è possibile effettuare una vincita sicura (denominata surebet) ?**

E' possibile perché, nulla ci vieta di scommettere su tutti gli eventi di una stessa partita presso diversi bookmaker, utilizzando le quote singole fornite dai diversi gestori del gioco.

Ad esempio, nel match Juve-Milan possiamo scommettere : sulla vittoria della Juve presso il bookmaker "**A**" (con la quota : **1.6**), sulla vittoria del Milan presso il bookmaker "**B**" (con la quota : **8.0**) e sul pareggio presso il bookmaker "**C**" (con la quota : **4.2**).

Facendo i calcoli, cioè valutando il reciproco delle quote, abbiamo quindi questo quadro delle probabilità:

a)   Vittoria Juve, probabilità 62,5% (quota 1,6)

b)   Vittoria Milan, probabilità 12,5% (quota 8)

c)   Pareggio, probabilità 23,81% (quota 4,2)

Somma delle probabilità: 98,81%

Quindi, nel caso ipotetico prospettato, la somma delle probabilità di tutti gli eventi possibili (1, X e 2) è di **98,81%** e questo è un risultato importantissimo, perché significa che non solo non c'è nessun margine a favore dei diversi bookmaker ma addirittura **c'è un guadagno da parte nostra!**

Quando la somma di tutte le probabilità percentuali di uno stesso evento dà meno di 100, allora possiamo stare tranquilli: **la vincita su quella partita è sicura !**

Infatti, con riferimento alla partita dell'esempio, abbiamo la situazione:

Risultato	Scommesse complessive	Vincita per ciascun risultato
1	€ 62,5 vittoria Juve	€ 100,00 (= 62.5 x 1,6)
2	€ 12,5 vittoria Milan	€ 100,00 (= 12,5 x 8)
X	€ 23,81 pareggio	€ 100,00 (= 23,81 x 4,2)
Somma di tutte le scommesse € 98,81 **Vincita certa in ogni caso € 100,00** **Guadagno sicuro € 1,19 (o anche 1,19 %)**		

Nell'esempio considerato pertanto c'è una vincita certa pari a € 1,19 (che se vogliamo considerarla in altri termini può essere definita anche con l'1,19% di rendimento netto).

La vincita sarebbe stata molto più alta in **EURO** (ma non in percentuale) se avessimo realizzato 3 puntate più elevate.

Per esempio avremmo potuto scommettere tali importi in EURO :

a) € 625 per l' 1

b) € 125 per il 2

c) € 238,10 per l' X

vincendo 1.000 Euro Lordi in qualsiasi caso, indipendentemente dal risultato che si verifica.

Riassumendo, se si vogliono fare scommesse con vincite sicure bisogna seguire i seguenti passi:

1. calcolare le probabilità associate alle quote, facendo il reciproco delle stesse.

2. sommare tali probabilità (%) per cercare gli eventi che hanno un totale inferiore a 100.

3. scommettere su tutti i risultati possibili di questi eventi, puntando somme multiple delle loro probabilità.

4. riscuotere la vincita sicura.

In questi casi non si può neanche più parlare, tecnicamente, di scommessa in senso proprio, dato che il profitto è certo ! Da questo sito puoi calcolare il budget da assegnare con le Surebet :

https://www.italiaora.org/scommesse-online/scommesse-sicure-calcolatore/

Capitolo 7 : Sistema Tris

Se hai in mente di scommettere su 3 partite diverse (e garantirti molte più chance rispetto che giocare a caso), il sistema **Tris** fa proprio al caso tuo...

In questo tipo di sistema, dati i 3 pronostici che hai deciso di giocare, vengono sviluppate **quattro bollette** così suddivise:

- 3 multiple da due partite.

- 1 multipla da tre partite.

In questo modo, basteranno due pronostici esatti per realizzare una vincita ! Ecco un esempio reale per farti capire come impostare un sistema tris;

Supponiamo di voler giocare i seguenti risultati :

- Juventus - Milan: 1 con quota di 2.65

- Napoli - Brescia: 1 con quota 1.35

- Udinese - Bari: 1 con quota 1.27

Un sistema tris verrà generato così:

BOLLETTA 1

JUV-MIL (1) 2.65
NAP-BRE (1) 1.35
Totale: 3.57

BOLLETTA 2

JUV-MIL (1) 2.65
UDI-BAR (1) 1.27
Totale: 3.36

BOLLETTA 3

NAP-BRE (1) 1.35
UDI-BAR (1) 1.27
Totale: 1.71

BOLLETTA 4

JUV-MIL (1) 2.65
UDI-BAR (1) @ 1.27
NAP-BRE (1) @ 1.35
Totale: 4.54

Ipotizzando di giocare 100 euro su ogni bolletta avremo un range di possibili vincite che va da un minimo di 170 euro ad un massimo di 1.310,80 euro.

Il nostro staff opera spesso con questo sistema e potendosi permettere puntate generose (da diverse migliaia di euro alla volta), è facile comprendere il grande valore delle vincite conseguite...

Capitolo 8 : Sistema Per Opportunisti

Il **metodo per opportunisti** consiste nello scegliere una partita con la quota dell'1 che paghi massimo 1.90 euro e al contesto, un'avversaria che nelle ultime 5 partite abbia concretizzato almeno 8 punti in totale (realizzando ad esempio 2 vittorie e 2 pareggi...)

Prendiamo ad esempio la partita tra :

Torino-Sassuolo in cui la squadra di casa viene pagata **1.80** mentre la squadra ospite viene pagata **4.50** e il Sassuolo nelle sue ultime 5 partite ha ottenuto almeno 8 punti totali.

Noi andremo a giocare due <u>scommesse in singola</u>, ovvero "X2" pagato **1.92** e il parziale finale "1X" con quota di **4.30**.

Le puntate da fare per ogni singola scommessa saranno rispettivamente il 70% del budget per la doppia chance ed il 30% per il parziale finale "1X". Supponendo di avere avuto 100 euro di budget, dovremo puntare 70 euro sulla doppia chance "X2" e 30 euro sul parziale finale "1X".

Le possibili vincite erano quindi rispettivamente di:

Per la Doppia Chance: 70 x 1.92 = 130,44

Per il Parziale Finale: 30 x 4.30 = 120,90

Questa tipologia di scommessa copre moltissimi risultati e le possibilità di vincita sono decisamente elevate.

Non ti resta che provare questa utile strategia per vederla e toccarla con mano personalmente...

Capitolo 9 : Sistema Dei Risultati Esatti

Sostanzialmente, il **sistema con risultati esatti** basa il suo funzionamento sulla necessità di individuare due o più **risultati esatti** di alcune gare di campionato (e non solo).

Tutto ciò si realizza attraverso la creazione di un **sistema di giocate multiple**, che possa essere in grado di portarti alla meritata vittoria.

Ora, è bene ricordare che il sistema è configurato da ciascun scommettitore in maniera estremamente personalizzata.

A noi piace interpretarlo in maniera prudenziale e proprio partendo da questa scelta, costruiamo assieme a te una bozza di **sistema di risultati esatti**.

Di seguito, ti illustriamo come creare il sistema con il metodo delle 4 squadre...

- **Uno: scegliere i campionati**

Il primo punto di partenza è quello della scelta delle gare sulle quali scommettere.

Il nostro consiglio non è tanto quello di **scommettere sulle gare di uno stesso campionato**, ma comunque quello di evitare campionati che tipicamente possono garantire il maggior numero di gol e sorprese. Meglio affidarsi al **campionato italiano**, a quello **tedesco** e a quello **spagnolo**, o comunque a un campionato le cui squadre e gli equilibri di forza sono abbastanza conosciuti.

- **Due: selezionare le gare**

In secondo luogo, scegli i match.

Il nostro suggerimento, considerato che in questa bozza stiamo realizzando un sistema di **risultati esatti "a girare" per le vittorie casalinghe**, è quello di scegliere delle gare i cui rapporti di forza sono discretamente sbilanciati verso la squadra di casa, ma non troppo.

Diciamo che, orientativamente, puoi concentrarti su tutte quelle gare il cui **risultato "1"** garantisce una vittoria tra **1.20** e **1.50**.

- **Tre: costruire il sistema**

A questo punto, non ti rimane che costruire il sistema. Ipotizziamo di scegliere due gare:

Squadra A [contro] Squadra B: l'1 è quotato a 1.20

Squadra C [contro] Squadra D: l'1 è dato 1.40

E ipotizziamo di voler scommettere sui **risultati esatti 1-0, 2-0 e 2-1**.

Non dovremo far altro che costruire un sistema integrale, così schematizzato:

1: A batte B 1-0 e C batte D 1-0

2: A batte B 1-0 e C batte D 2-0

3: A batte B 1-0 e C batte D 2-1

4: A batte B 2-0 e C batte D 1-0

5: A batte B 2-0 e C batte D 2-0

6: A batte B 2-0 e C batte D 2-1

7: A batte B 2-1 e C batte D 1-0

8: A batte B 2-1 e C batte D 2-0

9: A batte C 2-1 e C batte D 2-1

In questo modo, qualunque sia il finale dei risultati tra quelli sopra esposti, riuscirai a portare a casa una <u>vittoria piuttosto importante</u>.

Per quanto intuibile, il **sistema è estremamente remunerativo** nel momento in cui si realizza il profitto ! A livello statistico, tale metodo genera un incremento costante nelle proprie casse.

Capitolo 10 : Sistema Degli Otto Eventi

Questo sistema richiede la scelta di 8 eventi che saranno combinati in 6 multiple, ognuna di 4 scommesse.

Ecco che cosa garantisce il sistema in caso di 0, 1 o 2 errori :

- con 2 errori: garantisce 3 vincite al 3.5%, almeno 2 vincite al 16%, almeno 1 vincita al 78%

- con 1 errore: garantisce 3 vincite al 100%

- con 0 errori: garantisce 6 vincite al 100%

Per farti comprendere come funziona, vediamo lo sviluppo del sistema indicando alcune partite e le rispettive **quote di serie A**.

Consideriamo, per comodità, di avere individuato le otto vincenti in una partita (con accanto la rispettiva quota) :

- Roma vincente a quota 2

- Juventus vincente a quota 1.5

- Milan vincente a quota 2

- Inter vincente a quota 1.5

- Crotone vincente a quota 2.5

- Pescara vincente a quota 2.5

- Bologna vincente a quota 2.3

- Napoli vincente a quota 1.5

Di seguito ti mostriamo le 6 bollette da giocare, ovvero lo sviluppo del nostro **sistema scommesse** ridotto di 8 Eventi in 6 quartine...

BOLLETTA 1 – Quota: 9.00
Roma
Juventus
Milan
Napoli

BOLLETTA 2 – Quota: 10.35

Roma

Inter

Bologna

Napoli

BOLLETTA 3 – Quota: 28.75

Roma

Crotone

Pescara

Bologna

BOLLETTA 4 – Quota: 11.25

Juventus

Milan

Inter

Crotone

BOLLETTA 5 – Quota: 17.25

Juventus

Milan

Pescara

Bologna

BOLLETTA 6 – Quota: 14.06

Inter

Crotone

Pescara

Napoli

Se giochi ad esempio 10 euro per bolletta, saprai già la quota totale per ognuna. Esulti anche in caso di 1 errore, in quanto : 3 giocate saranno vincenti al 100%.

Data la sua importanza, ti ricordiamo un'ulteriore volta cosa ti garantisce un **sistema di scommesse ridotto:**

- con 2 errori: garantisce 3 vincite al 3.5%, almeno 2 vincite al 16%, almeno 1 vincita al 78%

- con 1 errore: garantisce 3 vincite al 100%

- con 0 errori: garantisce 6 vincite al 100%

Questo è un sistema di facile applicazione che ti offre l'opportunità di passare alla cassa anche se sbagli **1 o 2 pronostici !**

Solo utilizzando questo metodo, il nostro Staff riesce a generare forti rendite economiche ogni settimana.

Questo era l'ultimo dei sistemi consigliati. Adesso passiamo al software gestionale, indispensabile per stabilire un corretto Money Management.

Capitolo 11 : Software Gestionale

Il Software consigliato in questa Guida tratta un aspetto molto importante per chi si approccia al mondo delle scommesse sportive : quello del **money management** che in italiano significa **gestione del denaro** (conosciuto anche con il termine di **bankroll**).

Ogni scommettitore infatti, dovrebbe avere ben chiaro che il proprio capitale destinato al gioco deve essere gestito secondo una logica finalizzata alla massimizzazione del rendimento e al contempo, alla riduzione del rischio.

A tale riguardo ti forniamo il link del programma di **money management** che puoi scaricare sul tuo Notebook / Computer (con sistema operativo windows):

http://www.laprevisione.it/money-management-cose-e-come-si-usa-download-e-guida

Come primo passo, dopo averlo lanciato clicca in alto sulla sinistra dove trovi "**File**".

Successivamente scegli la tipologia di sistema da impostare: **Singolo, Multiplo, Differenziale, Differenziale multiplo e Trading :**

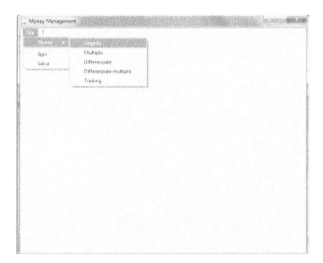

Dopo aver scelto l'opzione singolo (un solo sistema), **puoi cominciare ad impostare il sistema.**

In primo luogo scegli la **cassa**, ossia il budget che intendi giocare, poi il numero di avvenimenti scelti, poi il numero di quelli attesi.

In pratica, bisogna stabilire il numero di avvenimenti giocati e quelli che ti aspetti di pronosticare correttamente.

Dal numero di errori (avvenuti in corso d'opera) avverrà lo sviluppo della progressione. Meno errori si manifestano, più veloce sarà il raggiungimento dell'obiettivo.

<u>Occorre selezionare gare che non si giochino in contemporanea.</u>

Stabilisci ad esempio una cassa di 10 €, da sviluppare su 4 eventi con 3 eventi attesi (margine di 1 errore):

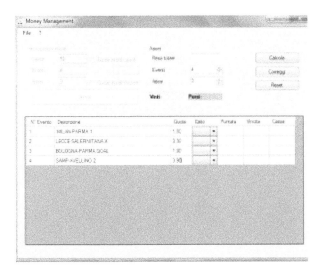

Dopo aver cliccato sul tasto "Avvia", il software permette di inserire i match individuati.

Supponiamo di avere scelto le seguenti gare:

Milan-Parma : 1 a 1.80

Lecce-Salernitana : X a 3.30

Bologna-Parma : goal a 1.80

Sampdoria-Avellino : 2 a 3.90

Dopo aver fatto click sul tasto "**Calcola**", il sistema calcola la resa del sistema (in questo caso è 5.346), e soprattutto comunica quanto puntare sulla prima singola:

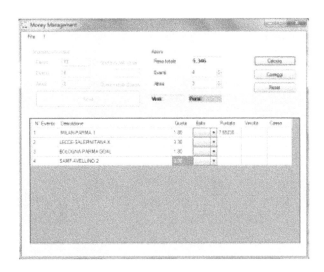

Dopo la conclusione della prima gara, dal menu a tendina occorre indicare il risultato avvenuto (vinto / perso). In base all'esito, il sistema ti calcola la quota da puntare sul match successivo della serie scelta:

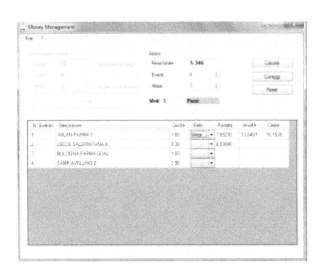

Dopo la conclusione delle gare, avrai il riepilogo del sistema con l'esito !

In conclusione... ricorda di avere pazienza, applicazione e metodo ! Solamente in questo modo potrai ottimizzare al massimo le giocate... Tieni presente che, ogni euro guadagnato genererà il profitto totale della settimana. Con questo è tutto... ti auguriamo di realizzare fantastiche vincite !

Nell'attesa di ricevere il Tuo Feedback Positivo a 5 Stelle ti salutiamo cordialmente.

<u>Grazie di cuore da tutto lo staff !</u>

Disclaimer

1 - La presente Guida deve essere considerata come uno strumento di studio per soli fini statistici ed informativi. Se decidi di applicare le informazioni giocando denaro reale, rimani l'unico responsabile sull'andamento del tuo conto.

2 - Tutte le informazioni contenute all'interno di questo trattato (compreso i profitti ed i risultati ottenuti) si riferiscono all'esperienza maturata da noi e dai nostri utenti nel corso del tempo.

3 - Le vincite passate non essere ritenute indicative per quelle future.

4 - Il nostro staff non è responsabile per eventuali perdite di denaro e/o per un utilizzo diverso da quello didattico, riguardo all'applicazione dei sistemi contenuti nella presente Guida.

5 - Questa Guida non propone investimenti ne bookmaker in affiliazione ne servizi di scommesse ne opportunità speculative. Essa mostra come diventare indipendenti nel generare i propri pronostici (senza doversi affidare a servizi terzi).

6 - Tutte le giocate effettuate su conti live (con soldi reali) possono comportare la perdita parziale o totale dell'intero capitale. Non ci assumiamo nessuna responsabilità su come viene utilizzata la presente Guida.

7 - Ci riserviamo il diritto di prendere provvedimenti per chiunque tenti di copiare, modificare, distribuire e/o rivendere il presente trattato senza esplicita autorizzazione.

8 - Chiunque intenda scommettere, lo faccia solo su : Bookmaker Aams. Il gioco è riservato ai soli maggiorenni e può creare dipendenza.

CPSIA information can be obtained
at www.ICGtesting.com
Printed in the USA
BVHW082357220321
603179BV00003B/196